Japanische Küche

Rezepte: Yunko und Koji Asao
Bearbeitung: Sylvia Winnewisser
Coverfoto und Rezeptfotos: TLC Fotostudio
Gesamtherstellung: Naumann & Göbel Verlagsgesellschaft mbH
ISBN 978-3-625-11399-7
www.naumann-goebel.de

Japanische Küche

NGV

Inhalt

Vorwort

Unter japanischer Küche verstehen viele noch immer fremde, unzugängliche Speisen, bei denen viel Wert auf Ästhetik und wenig auf Geschmack gelegt wird. Das liegt sicher daran, dass wir hier im Westen meistens nur Sushi kennen. Tatsache ist jedoch, dass roher Fisch in der alltäglichen Küche eher eine untergeordnete Rolle spielt, während die ursprüngliche japanische Küche weitaus vielfältiger und reichhaltiger ist und auf eine lange Tradition zurückblickt.

Kunst und Philosophie

Obwohl in modernen japanischen Großstädten die Fast-Food-Imbisse Einzug gehalten haben, pflegen andernorts die Menschen die alten Esstraditionen mit Hingabe. Das Kochen ist in Japan eng mit Kunst und Philosophie verbunden. Japaner haben große Achtung vor dem Essen und widmen jeder einzelnen Zutat besondere Aufmerksamkeit. Essen bedeutet für die Menschen eine wichtige Voraussetzung, um gesund zu bleiben; daher messen sie den Lebensmitteln große Kraft bei und behandeln sie mit großer Ehrfurcht. Man achtet zum Beispiel darauf, dass durch das Essen die fünf Nährstoffe Eiweiß, Fett, Kohlehydrate, Vitamine und Mineralstoffe durch fünf verschiedene Nahrungsmittel aufgenommen werden.

Während in anderen Ländern besonders viele Zutaten für ein Gericht verwendet werden, versuchen japanische Köche vor allem, die Eigenarten der einzelnen Zutaten zu erhalten. Ein Grund, weshalb auf Gewürze weitgehend verzichtet wird.

Ein Merkmal japanischer Mahlzeiten ist, dass sie in kleinen Portionen serviert werden, ein Umstand, der Europäer oft glauben lässt, die Menge reiche nicht aus, um satt zu werden. Es werden im Laufe einer Mahlzeit jedoch so viele verschiedene Speisen aufgetischt, dass sie letztendlich der Menge eines europäischen Mahls entsprechen.

Die Schalen und Schüsseln, in denen serviert wird, spielen dabei eine mindestens genauso große Rolle wie ihr Inhalt. Denn in der Tat legen Japaner großen Wert auf das ästhetische Erscheinungsbild der Speisen. Das spiegelt sich nicht nur in ausgesuchten Garnierungen und Verzierungen wider, sondern auch in der Form und Beschaffenheit des Geschirrs. Schüsseln und Schalen stehen in harmonischem Einklang mit den Gerichten. So werden beim Essen nicht nur Gaumen und Magen angesprochen, sondern auch andere Sinne wie Nase und Augen. Je nach Speise wird dem Auge eine erlesene Auswahl an gegensätzlichen Farben, Formen und Anordnungen dargeboten. Köstliche Gerüche umschmeicheln die Nase. In gepflegten japanischen Restaurants werden Gäste auch heute noch während der Mahlzeit von Geishas unterhalten, sodass auch die Ohren zu einem Genuss kommen. Auf diese Weise steht bei einem japanischen Essen das Wohlbefinden des ganzen Menschen im Vordergrund.

Im Einklang mit der Natur

Ein weiterer Aspekt japanischer Kochtradition ist die Verbundenheit mit der Natur. Sämtliche Zutaten und Speisen stehen in Zusammenhang mit den vier Jahreszeiten Frühling, Sommer, Herbst und Winter.

Man geht davon aus, dass jedem Lebensmittel eine bestimmte Mitteilung oder Stimmung zugrunde liegt, die natürlich im Frühjahr anders ist als im Winter. Bei der Zubereitung einer Mahlzeit im Frühling werden zum Beispiel rohe Scheiben von Fisch und Gurken neben geraspeltem Rettich und gekochten Lotuswurzeln gereicht, und all das wird verziert mit blühenden Kirschzweigen und dünnen Weidenästen. Beim Genießen des Mahls wird der Gast an Flüsse, Täler, Bäume und Blumen einer japanischen Landschaft im Frühling erinnert, so jedenfalls besagt es die Philosophie.

Bestimmte Früchte, bestimmtes Gemüse und selbst Süßigkeiten werden in Japan stets mit bestimmten Jahreszeiten in Verbindung gebracht. Sie in einer anderen als der natürlichen Jahreszeit zu essen, käme einem traditionsbewussten Japaner niemals in den Sinn.

Außer diesen Bräuchen gibt es auch noch eine Vielzahl einzelner Regelungen, wie etwa, nur an einem bestimmten Tag im Jahr Aale zu essen, weil diese nur an jenem Tag böse Geister vertreiben und Krankheiten heilen können.

Andere Möglichkeiten, die Speisen ästhetisch ansprechend darzubieten, sind die, sie in bestimmten Formen anzuordnen, etwa in einem Winkel, der auf die folgende Speise zeigt, rund oder eckig. Auch das Muster des Geschirrs kann in die Anordnung der Speise mit einbezogen werden.

Besonders kreative Köche richten die Speisen auf Blättern von Bäumen oder Blumen an.

Wie die Speisen, so folgen auch Geschirr und Bestecke den Jahreszeiten. Für Frühling und Sommer bevorzugt man kühles Porzellan, lackierte Holztabletts oder Schalen und Bambusmatten. Zum Ablegen des Essbestecks steht eine stilisierte Blüte bereit. Im Winter werden Speisen eher in robuster Keramik serviert.

In japanischen Restaurants ist man stets darauf bedacht, dass auch die Kimonos der Serviererinnen der jeweiligen Jahreszeit entsprechen und die Blumenarrangements mit Jahreszeit und Speisen harmonieren.

Kaiseki – die japanische Teezeremonie

Das japanische Wort für besondere Speisen „kaiseki" ist von einem bestimmten Brauch abgeleitet, der seit Jahrhunderten gepflegt wird: die Teezeremonie. Jeder, der die japanische Küche und Kultur verstehen will, sollte einmal ein „kaiseki" miterlebt haben.

Es geht dabei nicht darum, gemütlich miteinander Tee zu trinken, sondern um eine kultische Handlung. Denn die Regeln für die Zeremonie sind streng festgelegt und haben das japanische Leben stark beeinflusst.

Japanische Mädchen lernen noch heute von ihren Müttern die Regeln der Teezeremonie, die für eine traditionsbewusste japanische Hausfrau ein Muss sind.

Die Wurzeln der Zeremonie liegen im Zen-Buddhismus. Es heißt, dass Zen-Mönche im 13. Jahrhundert zum ersten Mal nach einer Meditation feierlich mit ihren Brüdern Tee tranken. Später wurde der Brauch von speziell ausgebildeten Teemeistern für japanische Herrscher verfeinert. Die Art und Weise, wie diese Teemeister sprachen, sich bewegten, sich verhielten und anzogen, wurde zur Grundlage der gesamten japanischen Gesellschaft in Fragen des Verhaltens und des guten Geschmacks (ähnlich wie wir uns in Deutschland stets auf Herrn Knigge berufen, wenn es um gutes Benehmen geht).

Geschirr und Gerätschaften, die bei der Teezeremonie verwendet werden, müssen von besonderer Qualität sein und sind nicht selten sehr kostbar, weil Künstlerentwürfe.

Die Farbe des Geschirrs entspricht den Farben des Gartens, in dem sich das Teehaus befindet.

Die Regeln für die Zeremonie besagen unter anderem, dass sie in einem Teepavillon oder Teehaus stattfinden soll und nicht mehr als drei oder fünf Gäste daran teilnehmen dürfen. Außerdem gibt es eine festgelegte Reihenfolge, nach der die Speisen aufgetragen werden, genauso wie es Regeln zu Beschaffenheit Geschmack und Temperatur von Speisen und Getränken gibt.

In den Speisen der Teezeremonie erreicht das Bestreben nach Harmonie von Geschmack, Zutaten und Aussehen, verbunden mit den Jahreszeiten, ihren Höhepunkt. So ist durch die Teezeremonie eine erlesene Kochkultur entstanden: die Teezeremonie-Küche „kaiseki ryori". Die besten japanischen Restaurants bezeichnen ihre Gerichte gerne als „kaiseki".

Der Tee, der gereicht wird, besteht aus grünen Teeblättern, die fein zerrieben werden. Das Wasser zum Aufgießen des Tees wird in einem eisernen Kessel über Holzkohlenfeuer gekocht. Der Tee wird mit einem Bambusbüschel in der Schale verrührt, bis sich an der Oberfläche Schaum bildet. Nun wird die Teeschale einem Gast gereicht, der sie nach bestimmten festgelegten Bewegungen austrinken darf. Dann wird die Schale neu gefüllt und dem nächsten Gast gereicht.

Kulturelle Einflüsse

Die japanische Kochkultur spiegelt wie die Küchen aller anderen Länder nicht nur Klima, geographische Lage und Religion wider, sondern auch die Einflüsse fremder Kulturen. Während es Zeiten gab, in denen sich das Inselvolk nach außen hin stark abschottete, nahm man zu anderen Zeiten die Kontakte zu fremden Völkern begeistert auf.

Erste Einflüsse stammen aus China, von wo die Sojabohne – mittlerweile eines der wichtigsten Lebensmittel Japans – ursprünglich stammt.

Im 16. Jahrhundert begann der Kontakt zu westlichen Völkern. Zuerst reisten die Portugiesen ein, von ihnen übernahmen die Japaner die Art, Garnelen in heißem Fett auszubacken. Der Name „Tempura" wird auch in Portugal verwendet, er ist lateinischen Ursprungs. In Japan wurde diese Zubereitungsart verfeinert und auf andere Zutaten ausgedehnt.

Nach Jahren der Enthaltsamkeit wurden im 19. Jahrhundert die Einflüsse wieder ausgedehnt und die Essgewohnheiten europäischer

Länder in die japanische Küche einbezogen. Japaner begannen entgegen den buddhistischen Regeln Hühner-, Schweine- und Rindfleisch zu essen. Die berühmte japanische Rinderrasse, das Kobe-Rind, wurde gezüchtet und einige bekannte Gerichte wie „sukiyaki" entstanden.

Auch die amerikanischen Besatzer hinterließen ihre kulinarischen Spuren in Japan. Heute bekommt man Fast Food, Ice-Cream oder Sandwiches fast überall in Japan.

Eine japanische Mahlzeit

Die Hauptmahlzeit in Japan ist das Abendessen, zu dem zumeist mehrere Speisen zubereitet werden. Mittags isst man nicht viel, aber wer Zeit hat, macht sich ein deftiges Frühstück. Dazu gehören Reis, eingelegtes Gemüse und gegrillter Fisch. Aus diesem Grund hat zum Beispiel ein typischer kleiner japanischer Gaskocher in der Mitte ein kleines Fach zum Grillen.

Anders als in Europa spielt die Unterteilung eines Mahls in mehrere Gänge in Japan keine große Rolle. Meist kommen alle Speisen gleichzeitig auf den Tisch und jeder bedient sich nach seinen Vorlieben. Auch Süßspeisen als Dessert kennt man in Japan kaum, fast immer werden Früchte zum Abrunden der Mahlzeit gereicht.

Japanisches Essen ist von Hause aus sehr fettarm. Vieles wird roh gegessen, Algen, Seetang, Gemüse, Fisch und Meeresfrüchte sorgen für die ausreichende Versorgung mit Mineralien und Vitaminen. Kennzeichnend für die japanische Küche ist der relativ geringe Fleischverbrauch, vorwiegend werden Reis, Hülsenfrüchte, verschiedene Sorten von Gemüse, Fisch und Nudeln verzehrt. Tofu, ein Quark aus Sojabohnen, spielt eine große Rolle und hat hier eine ähnliche Bedeutung wie das Fleisch in der europäischen Küche. Denn es gib Fleisch zwar seit Jahrhunderten in Japan, doch nicht jeder kann es sich leisten.

Zutaten

In der japanischen Küche werden viele Zutaten verwendet, die in Europa eher unbekannt sind und hier nur in gut sortieren Feinkostgeschäften oder Asialäden zu bekommen sind.

Die häufigsten sind:

Beni Shoga: sauer oder salzig eingelegter Ingwer, in Gläsern erhältlich. In Scheiben oder Streifen geschnitten, dient der rosafarbene bis rote Ingwer zum Würzen und Garnieren.

Daikon: japanischer weißer Rettich

Dashi: eine Brühe aus Seetang und Bonitoflocken. Grundlage für viele Suppen und Kochflüssigkeiten. Abgepackt oder gemahlen bzw. als Granulat in Geschäften erhältlich. Nur mit heißem Wasser anrühren.

Ginnan: Nüsse des Gingko-Baumes. Ginnan sind nicht lange haltbar und hier nur in Dosen oder getrocknet erhältlich.

Glutamat: Monosodium-Glutamat; heißt in Japan Aji-no-moto: Wird als Geschmacksverstärker in den Speisen verwendet. Europäische Mägen reagieren manchmal verstimmt darauf, hohe Dosen können Allergien und Atembeschwerden auslösen.

Gobo: eine Art Schwarzwurzel, als Gemüse in Japan sehr beliebt. Als Konserve erhältlich.

Hakusai: chinesische Kohlsorte, auch als Chinakohl bekannt

Harusame: Glasnudeln aus Bohnenmehl

Hichimi togarashi: Siebenpfeffergewürz: aus Senfkörnern, Sesamsamen, Pfefferblättern, Mohn-, Raps-, Hanfsamen und getrockneter Mandarinenschale

Kanpyo: getrocknete Kürbisraspel, vor dem Verwenden einweichen

Katsuobushi: getrockneter Blaufisch, wird meist für Dashi verwendet.

Kombu: getrockneter Blatttang, in harten schwarzen Scheiben erhältlich, die zur Bereitung von Brühe verwendet werden. Unbegrenzt haltbar.

Konnyaku: hartes, durchsichtiges Stück aus Stärkemehl; wird aus der Knolle der Teufelszunge gewonnen. Er besitzt wenig eigenen Geschmack, nimmt die Fremd-Aromen aber sehr gut auf.

Matsutake: große japanische Pilze, können durch Steinpilze ersetzt werden.

Mirin: süßer Reiswein zum Kochen

Miso: Fermentierte Sojabohnenpaste; Grundzutat der japansichen Küche. In unterschiedlichen Variationen erhältlich. In Suppen, Saucen, Marinaden und Dips zu verwenden. Misosuppe bildet meist den Abschluss einer Mahlzeit. In die Suppe kommen kleine Tofustücke und Frühlingszwiebeln, aber auch Rettich, Spinat und Kartoffeln sind beliebt.

Mochigome: süßer Klebreis, neben dem normalen japanischen Reis die zweite verwendete Sorte

Nori: getrockneter Purpurtang, eine Art des Seetangs. Am häufigsten verwendete Art; roh oder geröstet erhältlich. Noriblätter werden auch zum Rollen von Sushi verwendet.

Pilze: die gebräuchlichsten sind Shiitake, Enokitake, Matsutake, Austernpilze, Nameko

Sake: Reiswein, wird meist warm zu einer Mahlzeit serviert. Sake, der zum Kochen verwendet wird, hat einen geringeren Alkoholgehalt.

Sanshoe: typisches Gewürz zum Verfeinern von Fleischgerichten

Shiitake: bekanntester japanischer Pilz, der getrocknet in Tüten sowie frisch in Asialäden erhältlich ist

Shirataki: eine Art Fadennudeln aus Konnyaku

Shishimi Togarashi: Mischung aus sieben verschiedenen Gewürzen

Shoyu: braune, scharf schmeckende Flüssigkeit aus fermentierten Bohnen, Gerste, Hefe und Salz

Soba: dünne Nudeln aus Buchweizenmehl

Somen: dünne Nudeln aus gemahlenem Weizenmehl. Können kalt gegessen werden. Ersatzweise Spaghetti nehmen.

Takenoko: Bambussprossen, in Scheiben geschnitten und eingelegt erhältlich

Tofu: Quark aus Sojabohnen mit fester Konsistenz; natur, geräuchert oder mit Kräutern erhältlich. Ist geschmacklich neutral, nimmt daher den Geschmack von Saucen und Gewürzen besonders gut auf. Gute Eiweiß- und Eisenquelle. Im Kühlschrank in kaltem Wasser aufbewahren, täglich wechseln.

Tonkatsusauce: Grillsauce aus Tomaten, Äpfeln, Worcestersauce und Senf. Zu gegrilltem, paniertem und gebratenem Schweinefleisch

Udon: dicke Nudeln aus Weizenmehl, können durch Bandnudeln ersetzt werden.

Umeboshi: sauer eingelegte Pflaumen

Wakame: lange Seetangfasern, meist gekräuselt und getrocknet. Müssen in Wasser eingeweicht werden, dann Blätter von der Mittelfaser befreien und zum Garnieren oder in Suppen verwenden.

Wasabi: Pulver aus den Wurzeln der Wasabipflanze, die zu den Meerrettichgewächsen gehört. Das Pulver wird mit Wasser zu einer Paste verrührt. Wird oft zu Sushi gereicht.

Küchen- und Kochutensilien

Zur Ausrüstung eines japanischen Kochs und seiner Küche gehören einige wichtige Utensilien. Die wichtigsten sind:

Bambusmatten: werden zum Rollen von Sushi benötigt; haben ein Maß von etwa 20 x 30 cm.

Dampftopf: zum schonenden Zubereiten von Speisen. Zwei Töpfe stehen aufeinander, im unteren ist Wasser, der obere hat einen Siebeinsatz, in dem sich das Dampfgut befindet.

Gewürzreibe: zum Reiben von Rettich, Ingwer und anderen Wurzeln

Geschirr: aus Keramik, Porzellan und Lack. Es gibt Lacktabletts und Lackschalen, in denen zum Beispiel Suppe serviert wird. Hier ist die Lackschale mit einem Deckel versehen. Meist wird das Essen in Schalen serviert. Außerdem gibt es Gewürzschalen, Schalen für Sojasauce, Reisschalen, Schalen für Gebäck und Teeschalen.

Messer: gibt es in drei Ausführungen. Fischmesser sind groß und spitz, mit ihnen wird Sashimi (dünne Scheiben von Fisch) geschnitten oder Fische filetiert. Gemüsemesser sind breit, groß und unten gerade. Gemüse wird beim Schneiden nicht zerdrückt. Sushimesser sind lang, schmal und unten ebenfalls gerade. Alle Messer sind extrem scharf, sie werden ständig nachgeschliffen.

Mörser: Holzstößel zum Zerstoßen von Sesamkörnern und anderen Samen in einer breiten, innen gerillten Schale

Pfannen: gibt es in vielerlei Formen und Ausstattungen; oft aus Gusseisen

Platten: werden zum Servieren der Speisen benutzt; ebenfalls in verschiedenen Ausführungen erhältlich

Rechaud: wichtiges Utensil, um die Speisen bei Tisch warm zu halten

Reislöffel: handtellergroßer Holzlöffel, mit dem Reis serviert wird

Reiskocher: elektrisches Gerät zum optimalen Zubereiten von Reis. Schaltet sich automatisch aus, wenn der Reis gar ist.

Stäbchen: Ess- und Kochbesteck gibt es in unterschiedlichen Anfertigungen: Große runde Stäbchen werden beim Kochen eingesetzt, mit langen Stäbchen wird gerührt Essstäbchen sind aus Naturholz, oft verziert oder lackiert.

Nach diesem kleinen Ausflug in japanische Kochtradition und -kultur wünschen wir Ihnen viel Spaß beim Kochen der Speisen.

Wenn Sie noch unsicher sind, ob Sie gleich eine komplette japanische Speisenfolge kochen wollen, empfehlen wir, am Anfang ein japanisches Gericht als Ergänzung einer europäischen Mahlzeit zu probieren. So können Sie Ihre eigenen Fertigkeiten in der japanischen Küche trainieren und Ihre Familie an fremde Zutaten gewöhnen.

Noch ein Hinweis: Die folgenden Kapitel sind nach zweierlei Kriterien aufgeteilt: Die Kapitelüberschriften entsprechen – außer dem ersten „Reis, Nudeln, Suppen" – jeweils einer bestimmten Zubereitungsart, wie Kochen, Dämpfen, Grillen, Frittieren. Innerhalb der Kapitel folgen die Rezepte dem Lauf der Jahreszeiten, ganz nach japanischer Art. Wenn Sie eine Mahlzeit zusammenstellen, vergessen Sie also nicht, dass alle Speisen derselben Jahreszeit angehören sollten.

Reis, Nudeln, Suppen

Reis und Nudeln gehören in Japan zu den Hauptnahrungsmitteln und fehlen daher bei keiner Mahlzeit. Reis wird oft pur mit Gemüse, Fleisch oder Fisch als Teil einer Mahlzeit serviert. Nudeln bekommt man gern kalt mit einem Dip.

Suppen werden unterschieden in klare Brühen, etwas dickere und süßliche Miso-Suppen und kräftige Suppen, die mittags als Hauptmahlzeit gereicht werden.

Sushi-Mélange

Für 4 Portionen

400 g Sushireis

5 cm Konbu (Seetang)

5 El Reisessig

6 El Zucker

1/2 Tl Salz

3 getrocknete Shiitakes

1/2 Lotuswurzel

1 kleine Burdockwurzel

1 kleine Karotte

100 g Tofu

8 grüne Bohnen

3 1/2 El Sojasauce

2 El Sake

3 Eier

Zubereitungszeit: ca. 30 Minuten (plus Koch-, Schmor- und Bratzeit)
Pro Portion ca. 500 kcal/2100 kJ
18 g E, 8 g F, 87 g KH

1 Den Reis waschen und abtropfen lassen. Mit 560 ml Wasser und Konbu etwa 30 Minuten garen. Den Essig erwärmen und darin 2 El Zucker und das Salz unter Rühren auflösen. Den gekochten Reis in eine große Schüssel geben, die Reis-Essig-Mischung darunter mischen.

2 Pilze 30 Minuten in Wasser einweichen, in dünne Streifen schneiden. Lotuswurzel schälen und würfeln. Burdockwurzel gründlich bürsten, in Streifen schneiden und diese etwa 5 Minuten in Wasser einweichen. Karotte schälen und in Scheiben, Tofu in Streifen schneiden. Die grünen Bohnen putzen, 10 Minuten garen, dann in dünne Streifen schneiden.

3 Pilze und Gemüse in eine Pfanne geben und 3 El Zucker, Sojasauce, Sake sowie 300 ml Wasser hinzufügen. Die Mischung etwa 12 Minuten garen, bis die Flüssigkeit fast verkocht ist. Eier mit restlichem Zucker verquirlen. Ein dünnes Omelett backen und in feine Streifen schneiden. Gemüse mit Reis mischen und auf Schalen verteilen. Mit Omelett- und Bohnenstreifen garnieren.

Muschelsuppe

Für 4 Portionen

8 Venusmuscheln

1 Udo (4–5 cm) (weißes Frühlingsgemüse, wird zu Dekozwecken verwendet)

1/2 El Essig

750 ml Gemüsebrühe

2 Tl Sake

Zubereitungszeit: ca. 15 Minuten (plus Einweich- und Kochzeit)
Pro Portion ca. 139 kcal/584 kJ
9 g E, 2 g F, 20 g KH

1 Die Muscheln unter fließendem Wasser bürsten. Udo schälen und in einer Mischung aus Essig und 500 ml Wasser etwa 5 Minuten einweichen. Herausnehmen, in dünne Ringe schneiden und nochmals in Essigwasser legen, um die Bitterstoffe zu entfernen.

2 Die Muscheln mit der Brühe in einen großen Topf geben und zum Kochen bringen. Wenn die Muschelschalen geöffnet sind, den Topf vom Herd nehmen; noch geschlossene Muscheln entsorgen. Mit Salz und Sake würzen und mit Udo garniert servieren.

Buchweizennudeln mit Purpurtang

1 In einem großen Topf etwa 2 l Wasser zum Kochen bringen. Die Nudeln hineingeben und etwa 7 Minuten garen. Sie sollten sehr weich sein. Nudeln in einem Sieb abschrecken und abtropfen lassen. Anschließend auf 4 bis 6 Schalen verteilen.

2 Die Noriblätter mit einer Seite über eine Flamme halten und dann zerkrümeln. Über die Nudeln streuen. Die Frühlingszwiebeln schälen und mit Grün in dünne Ringe schneiden. Das Wasabipulver mit etwas Wasser zu einer Paste verrühren und 10 Minuten ziehen lassen.

3 Die Nudeln mit Frühlingszwiebeln und Wasabipaste garnieren und getrennt mit dem Dip servieren.

Für 4–6 Portionen

475 g Buchweizennudeln

3 Nori-Blätter

2 Frühlingszwiebeln

4 Tl Wasabipulver

375 ml Soba tsuyu (Dip für Nudeln)

Zubereitungszeit: ca. 20 Minuten (plus Garzeit und Zeit zum Ziehen)
Pro Portion ca. 367 kcal/1541 kJ
12 g E, 3 g F, 71 g KH

Nudeln mit grünem Tee

1 2 l Wasser in einem Topf zum Kochen bringen und das Teepulver darin unter Rühren auflösen.

2 Die Nudeln dazugeben und etwa 8 Minuten garen. Dann abgießen, abschrecken und abtropfen lassen. Auf 4 bis 6 Schalen verteilen und abkühlen lassen.

3 Wasabipulver mit etwas Wasser zu einer Paste verrühren. Die Nudeln mit Kerbel dekorieren und mit einem Dip nach Wahl, Wasabi und geriebenem Daikon servieren.

Für 4–6 Portionen

475 g Weizennudeln

15 g grüne getrocknete Teeblätter

4 Tl Wasabipulver

4 El frisch geriebener Daikon

375 ml Soba tsuyu (Dip für Nudeln)

Kerbelblättchen

Zubereitungszeit: ca. 20 Minuten (plus Garzeit)
Pro Portion ca. 350 kcal/1470 kJ
14 g E, 4 g F, 63 g KH

Für 4 Portionen

1 Salatgurke

4 Blätter Nori

400 g Sushireis

20 g Wasabi

Zubereitungszeit: ca. 30 Minuten (plus Garzeit)
Pro Portion ca. 365 kcal/1533 kJ
8 g E, 1 g F, 79 g KH

Nori-Rollen

1 Gurke schälen, längs halbieren und die Kerne entfernen. Gurke quer in etwa 5 cm lange Stücke schneiden, dann längs in 0,5 cm breite Streifen.

2 Noriblätter mit einer Schere in der Mitte längs halbieren. Den Reis waschen und im Reiskocher garen. Dann abkühlen lassen.

3 Eine Bambusmatte auslegen und ein halbes Noriblatt darauf legen. Etwa 0,5 cm dick Reis darauf geben. Dann dünn mit Wasabi bestreichen und 3 Gurkenstreifen darauf legen.

4 Das Noriblatt mithilfe der Bambusmatte zusammenrollen. Auf diese Weise alle Noriblätter belegen und rollen. Die Rollen in mehrere, etwa 5 cm große Stücke schneiden.

Inari Sushi

Für 4 Portionen

6 getrocknete Shiitakes

1 kleine Karotte

10 Stück frittierter Tofu, á 8 cm

425 g Sushireis

800 ml Dashi

12 El Zucker

3 $^1/_2$ El Sake

6 El Sojasauce

120 ml Reisessig

2 El Salz

2-3 cm großes Stück Kombu (japanischer Seetang)

Zubereitungszeit: ca. 50 Minuten (plus Kochzeit)
Pro Portion ca. 520 kcal/2184 kJ
21 g E, 7 g F, 92 g KH

1 Die Pilze über Nacht in kaltem Wasser einweichen. Abgießen, das Wasser aufbewahren. Karotte schälen. Pilze und Karotte in sehr kleine Würfel schneiden. Karotte in kochendem Wasser blanchieren und abgießen.

2 In einem Topf 300 ml Dashi und 120 ml des Einweichwassers aufkochen und Pilze sowie Karotte darin etwa 5 Minuten köcheln. 3 El Zucker und 1 El Sake zugeben und weitere 5 Minuten köcheln. 3 El Sojasauce und $^1/_2$ Tl Salz zugeben und so lange weiterkochen, bis die Flüssigkeit fast verkocht ist.

3 Den Tofu auf die gleiche Weise kochen. Dazu zusammen mit restlicher Dashi in einen Topf geben und 5 Minuten köcheln. 3 $^1/_2$ El Zucker, Sake und zuletzt restliche Sojasauce zugeben und wie das Gemüse kochen. Tofu in der Flüssigkeit abkühlen lassen.

4 Aus Reisessig, restlichem Zucker, 1 $^1/_2$ El Salz und dem Kombu ein Sushi-Dressing bereiten. Den Reis waschen, 60 Minuten stehen lassen, dann im Reiskocher garen.

5 Den heißen Reis in ein Holzgefäß geben. Dann Sushi-Sauce nach und nach darüber geben und mit einem Holzlöffel unterheben. Auf Zimmertemperatur abkühlen lassen. Das Gemüse aus der Pfanne mit 2 El Flüssigkeit unter den Reis mischen.

6 Jedes Tofustück in 2 Dreiecke schneiden. Jedes Dreieck an der Schnittkante öffnen und zu einer Schale formen. Etwas Reis formen, in die Tofuschale geben und zusammenklappen. Weitere solcher Sushis formen und auf einer Platte anrichten.

Nudeln mit Ingwerdressing

Für 4–6 Portionen

475 g Somen

12 bis 18 Eiswürfel

je 2 El Reisessig und Dashi

2 El helle Sojasauce

2 Tl Ingwersaft

1/2 El Zucker

je 1 El frisch geriebener Ingwer und in Ringe geschnittene Schalotten

Zubereitungszeit: ca. 20 Minuten (plus Kochzeit)
Pro Portion ca. 297 kcal/1247 kJ
16 g E, 4 g F, 84 g KH

1 Die Nudeln wie rechts beschrieben zubereiten.

2 Aus Reisessig, Sojasauce, Dashi, Ingwersaft und Zucker ein Dressing rühren und zu den Nudeln servieren. Mit Ingwer und Schalotten garnieren.

Nudeln mit Senfdressing

Für 4–6 Portionen

475 g Somen

12 bis 18 Eiswürfel

3 El Reisessig

3 El helle Sojasauce

1 El Zucker

1 Prise Salz

2 El Dashi

1/2 El Senfpaste

je 1 El frisch geriebener Ingwer und in Ringe geschnittene Schalotten

Zubereitungszeit: ca. 20 Minuten (plus Kochzeit)
Pro Portion ca. 300 kcal/1260 kJ
11 g E, 3 g F, 56 g KH

1 Die Nudeln wie rechts beschrieben zubereiten.

2 Aus restlichen Zutaten außer Ingwer und Schalotten ein Dressing rühren und zu den Nudeln servieren. Mit Ingwer und Schalotten garnieren.

Nudeln mit Sesamdip

Für 4–6 Portionen

475 g Somen

12 bis 18 Eiswürfel

4 El geröstete Sesamsamen

je 1 El Sake und Zucker

1/2 El Shoyu

1 Prise Salz

je 1 El frisch geriebener Ingwer und in Ringe geschnittene Schalotten

Zubereitungszeit: ca. 20 Minuten (plus Garzeit)
Pro Portion ca. 308 kcal/1294 kJ
10 g E, 4 g F, 56 g KH

1 Die Nudeln wie rechts beschrieben zubereiten.

2 Aus den restlichen Zutaten außer Ingwer und Schalotten einen Dip rühren und zu den Nudeln servieren. Mit Ingwer und Schalotten garnieren.

Kalte Somennudeln

1 Mirin erwärmen, anzünden und die Flamme durch Bewegen des Topfes erlischen lassen. Sojasauce, Dashi, Thunfischflocken, Salz und 1 Prise Glutamat unterrühren und die Mischung aufkochen. Dann auf Zimmertemperatur abkühlen lassen.

2 In einem großen Topf 2 l Wasser zum Kochen bringen. Die Nudeln darin etwa 7 Minuten garen, bis sie weich sind. In ein Sieb abgießen, einige Minuten mit kaltem Wasser abschrecken. Dann gut abtropfen lassen.

3 Die Nudeln auf 4 bis 6 Schalen verteilen. In jede Schale 2 bis 3 Eiswürfel dazugeben. Ingwer und Schalotten sowie den Dip in 6 Schälchen verteilen und dazustellen.

Für 4–6 Portionen

je 50 ml Mirin, Sojasauce und Dashi

2 El geflockter Thunfisch

1/4 Tl Salz, Glutamat

475 g Somen

12 bis 18 Eiswürfel

je 1 El frisch geriebener Ingwer und in Ringe geschnittene Schalotten

Zubereitungszeit: ca. 30 Minuten (plus Kochzeit)
Pro Portion ca. 267 kcal/1121 kJ
16 g E, 4 g F, 71 g KH

Für 4 Portionen

250 g Hühnchenbrust

4 Frühlingszwiebeln

50 ml süßer Sake

50 ml Sojasauce

250 ml Nihan Dashi

Glutamat

800 g gedünsteter Reis (siehe Seite 31)

4 Eier

Pfeffer

4 Tomaten

2 Noriblätter

Brunnenkresse zum Dekorieren

Zubereitungszeit: ca. 25 Minuten (plus Zeit zum Marinieren und Braten)
Pro Portion ca. 930 kcal/3906 kJ
42 g E, 10 g F, 163 g KH

Hühnchenomelett mit Reis

1 Hühnchenbrust in Würfel schneiden. Frühlingszwiebeln mit etwa 5 cm des Grüns putzen, waschen, halbieren und in kleine Stücke schneiden. Jeweils ein Viertel von Fleisch und Zwiebeln in getrennte Tassen geben.

2 Sake zum Kochen bringen, vom Herd nehmen und anzünden. Durch vorsichtiges Schütteln die Flamme zum Erlischen bringen. Sojasauce, Dashi und eine Prise Glutamat unterrühren, erneut aufkochen und abkühlen lassen. Diesen Domburi ni shiru genannten Sud über Hühnerfleisch und Zwiebeln gießen und einige Zeit stehen lassen.

3 Den Reis auf vier Schüsseln verteilen und warm stellen. Den Inhalt von je einer Schüssel Fleisch und Zwiebeln in eine kleine Pfanne (15 cm) geben, aufkochen und bei kleiner Temperatur abgedeckt 2 Minuten köcheln. Dann über eine Schüssel Reis geben. Tomaten heiß überbrühen, häuten, entkernen und würfeln. In jede Schüssel eine gewürfelte Tomate geben und jeweils vorsichtig 1 Ei darüber schlagen. Nori in dünne Streifen schneiden. Jede Schüssel mit Noristreifen und Brunnenkresse verziert servieren.

Für 4 Portionen

400 g Reis

200 g Brunnenkresse

300 g roher Thunfisch

100 g Daikon

1 Bund frisch geschnittener Schnittlauch

Zubereitungszeit: ca. 20 Minuten (plus Garzeit)
Pro Portion ca. 530 kcal/2226 kJ
25 g E, 12 g F, 79 g KH

Kaiser-Sashimi

1 Den Reis waschen und 30 Minuten einweichen. Dann im Reiskocher garen und auf Zimmertemperatur abkühlen lassen. Die Brunnenkresse waschen und in kochendem Wasser kurz blanchieren, dann abgießen und hacken. Den Thunfisch fein hacken. Daikon in dünne Streifen schneiden.

2 Den Reis auf Schalen verteilen und mit Brunnenkresse, Thunfisch und Daikon belegen. Zuletzt mit Schnittlauch bestreuen.

Reis mit Austernpilzen

Für 4 Portionen

400 g Reis

150 g Austernpilze

1 El Sesamöl

1 El Sake

1 $^{1}/_{2}$ El Mirin

2 El Sojasauce

1 Prise Salz

400 ml Dashi

Zubereitungszeit: ca. 15 Minuten (plus Garzeit)
Pro Portion ca. 518 kcal/2176 kJ
25 g E, 5 g F, 94 g KH

1 Den Reis waschen und 30 Minuten in Wasser einweichen. Dann abgießen und in einem Sieb abtropfen lassen.

2 Die Pilze putzen und klein schneiden. Das Öl in einer Pfanne erhitzen und die Austernpilze darin 2 Minuten unter Rühren schmoren.

3 Den Reis mit den Pilzen, Sake, Mirin, Sojasauce und Salz mischen.

4 Die Reis-Pilz-Mischung in einen Topf geben, die Brühe angießen und alles etwa 15 Minuten garen, bis der Reis weich ist.

Miso-Suppe mit Schweinefleisch

Für 4 Portionen

150 g Schweineschulter

200 g Kartoffeln

50 g Burdock, 100 ml Essig

100 g Daikon

60 g Karotten

$^{1}/_{3}$ Konnyaku

1 El Pflanzenöl

2 Frühlingszwiebeln

800 ml Dashi

90 g Miso

1 El Sake

Shichimi-togarashi

Zubereitungszeit: ca. 40 Minuten (plus Gar- und Kochzeit)
Pro Portion ca. 174 kcal/730 kJ
15 g E, 5 g F, 15 g KH

1 Das Fleisch in 3 cm breite Streifen schneiden. Kartoffeln schälen, in 2 cm große Stücke schneiden und 10 Minuten in Wasser einweichen. Burdock abbürsten und diagonal in Scheiben schneiden. Den Essig in 600 ml Wasser rühren und die Burdockscheiben darin einlegen. Nach 5 Minuten die Flüssigkeit erneuern, wenn sie braun ist. Dies zwei- bis dreimal wiederholen.

2 Daikon schälen und in 6 mm dünne Scheiben schneiden. Karotte schälen und in Scheiben schneiden.

3 Konnyaku in einen Topf geben und mit Wasser bedecken. Aufkochen und 5 Minuten köcheln. Abgießen und in kaltem Wasser abschrecken. Konnyaku in 1 cm große Stücke reißen. Frühlingszwiebeln putzen und in 3 cm lange Stücke schneiden.

4 Das Öl in einer Pfanne erhitzen, dann die Pfanne vom Herd nehmen und leicht abkühlen lassen. Fleisch hineingeben und auf dem Herd braten. Nach 3 Minuten Konnyaku und das restliche Gemüse, außer den Zwiebeln hinzufügen. Die Mischung weitere 3 Minuten braten.

5 Dashi in die Pfanne geben, aufkochen und bei mittlerer Temperatur das Gemüse darin garen. Die Suppe mit Miso und Sake abschmecken. Frühlingszwiebeln darüber geben und die Suppe mit Shichimi-togarashi bestreut servieren.

Für 4 Portionen

1 getrockneter Shiitake

150 g Konnyaku

1 l Gemüsebrühe

2 1/2 El Mirin

2 Tl Salz

1 Karotte

1 1/2 Tl Sojasauce

16 Ginkgo-Nüsse

125 g Kamaboko (Fischkuchen aus der Dose)

400 g japanischer Reis

150 g frische Erbsen oder aufgetaute TK-Erbsen

Zubereitungszeit: ca. 30 Minuten (plus Koch- und Garzeit)
Pro Portion ca. 625 kcal/2625 kJ
20 g E, 17 g F, 97 g KH

Gemischter Reis und Gemüse

1 Den Shiitake etwa 1 Minute über Wasserdampf dünsten, bis er weich ist. Noch heiß den Stiel entfernen, den Hut in dünne Streifen schneiden. Stiel wegwerfen.

2 Konnyaku in dünne Streifen schneiden und in 375 ml Wasser aufkochen. Abgießen, abschrecken und zum Abtropfen beiseite stellen.

3 Gemüsebrühe, Mirin, Salz und Sojasauce mischen. Karotte putzen und in dünne Streifen schneiden, Nüsse hacken. Den Fischkuchen in dünne Scheiben schneiden.

4 Den Reis mit den übrigen Zutaten außer den Erbsen in einen großen Topf geben und zum Kochen bringen. Bei geringer Temperatur abgedeckt etwa 5 Minuten garen lassen, bis die Flüssigkeit aufgesogen ist. Die Erbsen unterrühren und alles weitere 2 Minuten garen. Sofort servieren.

Gedünsteter Reis

1 Den Reis in ein Sieb schütten. Mit einem Esslöffel umrühren und dabei kaltes Wasser darüber laufen lassen. Wenn das Wasser klar ist, den Reis abtropfen lassen.

2 Reis in einen großen Eisentopf (etwa 3 l Fassungsvermögen) geben. 500 ml Wasser hinzufügen und den Reis etwa 30 Minuten einweichen lassen. Anschließend den Reis bei mittlerer Temperatur zum Kochen bringen und abgedeckt etwa 10 Minuten köcheln, bis das Wasser aufgesogen ist.

3 Reis anschließend bei abgeschalteter Herdplatte 10 Minuten ruhen lassen. Den fertigen Reis mit Esstäbchen oder einer Gabel gut auflockern, um die einzelne Körner voneinander zu lösen.

4 Reis sofort heiß servieren. Nach Belieben frittierte Garnelen oder Gemüse dazureichen. Mit Sesam bestreuen.

Für 4 Portionen

250 g japanischer Reis

schwarze Sesamsamen

Beilagen nach Wahl:

frittierte Garnelen

Chilischoten

Daikon in Scheiben

Bambussprossen in Scheiben

Zubereitungszeit: ca. 10 Minuten (plus Einweich-, Gar- und Ruhezeit)
Pro Portion ca. 218 kcal/915 kJ
4 g E, 1 g F, 48 g KH

Für 4 Portionen

200 g Spinat

1 Blatt Aburage (frittierter Tofu)

600 ml Dashi

70 g Miso

200 g Tofu

4 Eier

Zubereitungszeit: ca. 20 Minuten (plus Koch- und Garzeit)
Pro Portion ca. 305 kcal/1281 kJ
31 g E, 16 g F, 8 g KH

Miso-Suppe mit Spinat und Tofu

1 Spinat verlesen, putzen, waschen und hacken. Die übrigen Zutaten wie rechts beschrieben vorbereiten.

2 Dashi erhitzen und die Suppe wie beschrieben zubereiten.

Für 4 Portionen

200 g Kohl

1 Blatt Aburage (frittierter Tofu)

600 ml Dashi

70 g Miso

200 g Tofu

4 Eier

Zubereitungszeit: ca. 15 Minuten (plus Kochzeit)
Pro Portion ca. 268 kcal/1126 kJ
27 g E, 14 g F, 8 g KH

Miso-Suppe mit Tofu

1 Zutaten wie rechts beschrieben vorbereiten.

2 Den Tofu in Würfel schneiden und in der kochenden Suppe erhitzen. Suppe sofort servieren.

Für 4 Portionen

200 g Seeweizen

1 Blatt Aburage (frittierter Tofu)

600 ml Dashi

70 g Miso

4 Eier

Zubereitungszeit: ca. 20 Minuten (plus Koch- und Garzeit)
Pro Portion ca. 380 kcal/1596 kJ
28 g E, 13 g F, 38 g KH

Miso-Suppe mit Seeweizen

1 Seeweizen putzen, waschen und in Stücke schneiden. Übrige Zutaten wie beschrieben vorbereiten.

2 Dashi erwärmen und Seeweizen darin 3 Mninuten köcheln. Dann wie rechts beschrieben die Suppe zubereiten.

Miso-Suppe mit Kohl

1 Den Kohl in Blätter zerteilen, waschen und vierteln, die harten Strünke entfernen.Die Blätter anschließend in 2 cm dicke Streifen schneiden.

2 Das Aburage-Blatt in einem Sieb mit kochendem Wasser übergießen. Abtropfen lassen und längs halbieren, dann in etwa 6 mm breite Streifen schneiden. Dashi in einem Topf erhitzen. Kohl hinzufügen und bei mittlerer Temperatur etwa 3 Minuten köcheln. Aburage-Streifen zugeben und alles weitere 2 Minuten köcheln.

3 Miso mit dem Rücken eines Messers oder einem Kochlöffelstiel durch ein Sieb in die Suppe drücken und unter Rühren auflösen.

4 Die Eier verquirlen, daraus ein dünnes Omelett backen und in dünne Streifen schneiden. Die Suppe aufkochen, dann vom Herd nehmen und sofort mit den Omelettstreifen garniert servieren.

Für 4 Portionen

200 g Weißkohl

1 Blatt Aburage (frittierter Tofu)

600 ml Dashi

70 g Miso

4 Eier

Zubereitungszeit: ca. 30 Minuten (plus Garzeit)
Pro Portion ca. 236 kcal/991 kJ
23 g E, 12 g F, 9 g KH

Heiße Nudeln in Brühe

Für 4–6 Portionen

425 g Udon

30 g Salz

1,5 l Ichiban-Brühe

15 g Zucker

1 El japanische Sojasauce

2 Schalotten

Zubereitungszeit: ca. 10 Minuten (plus Gar- und Ruhezeit)
Pro Portion ca. 325 kcal/1365 kJ
16 g E, 3 g F, 55 g KH

1 Die Nudeln in 2 l kochendem Wasser etwa 20 Minuten unter Rühren kräftig kochen, bis sie sehr weich sind. 15 g Salz zugeben, Deckel auflegen und den Herd abschalten. Nudeln etwa 5 Minuten ruhen lassen, dann in ein Sieb geben und unter fließendem Wasser abschrecken. Abtropfen lassen und beiseite stellen.

2 In einem zweiten Topf Brühe, Zucker, restliches Salz und Sojasauce mischen. Aufkochen und die Nudeln hineingeben. Etwa 3 Minten köcheln, dann in Schalen geben. Die Suppe mit Schalottenringen garnieren und servieren.

Fuchsnudeln

Für 4–6 Portionen

175 g Tofu

500 ml Öl

425 g Udon

30 g Salz

250 ml Nihan Dashi (Abguss der 2. Brühe zum Weiterverarbeiten von Speisen)

50 g Zucker

2 El japanische Sojasauce

Glutamat

1 1/2 l Ichiban Dashi (Abguss der 1. Brühe zum Aufgießen von Suppen)

2 Schalotten

Zubereitungszeit: ca. 25 Minuten (plus Frittier-, Gar- und Ruhezeit)
Pro Portion ca. 601 kcal/2524 kJ
27 g E, 24 g F, 66 g KH

1 Den Tofu in 0,5 cm dicke Scheiben schneiden. Gut abtupfen. Öl in einer Pfanne auf 175 °C erhitzen. Tofu hineingeben und etwa 1 Minute von beiden Seiten frittieren. Auf Küchenpapier abtropfen lassen, in heißes Wasser tauchen, bis kein Fett mehr daran haftet und erneut abtupfen.

2 In einem Topf Nudeln in 2 l Wasser etwa 20 Minuten weich kochen, 15 g Salz hinzufügen und abgedeckt 5 Minuten auf dem ausgeschalteten Herd ruhen lassen. Unter fließendem Wasser abschrecken und abtropfen lassen. Nihan Dashi mit 30 g Zucker, 1 El Sojasauce in einen Topf geben und aufkochen, mit etwas Salz und Glutamat würzen. Tofu zugeben und etwa 7 Minuten köcheln, bis die Flüssigkeit auf etwa 100 ml reduziert ist.

3 In einem weiteren Topf Ichiban Dashi mit restlichem Zucker, 12 g Salz und 1 El Sojasauce mischen. Nudeln zugeben und aufkochen. Auf Suppenschalen verteilen und den Tofu darüber geben. Suppe mit Schalottenringen dekorieren.

Bohnen in Sesamdressing

1 Die Bohnen putzen und in kochendem Salzwasser etwa 3 Minuten garen. Abgießen und in einem Sieb abtropfen lassen. Zum Abkühlen beiseite stellen. Die abgekühlten Bohnen in 3 cm lange Stücke schneiden. Mit etwas Shoyu würzen.

2 Die Sesamsamen im Mörser zerstoßen. Mit Sake, Zucker und Shoyu verrühren und mit Salz abschmecken.

3 Kurz vor dem Servieren die Bohnen mit dem Sesamdressing überziehen. Dazu Reis reichen.

Für 4 Portionen

200 g grüne Fadenbohnen

Salz

1 Tl helle Sojasauce

4 El geröstete Sesamsamen

1 El Sake

1 El Zucker

1/2 El Shoyu

Zubereitungszeit: ca. 15 Minuten (plus Garzeit)
Pro Portion ca. 53 kcal/223 kJ
2 g E, 3 g F, 3 g KH

Reis mit Thunfisch

1 Den Reis waschen und etwa 30 Minuten in Wasser einweichen. Dann abgießen und in einem Sieb abtropfen lassen.

2 Den Thunfisch abtropfen lassen und mit einer Gabel zerpflücken.

3 Den Reis in einen Reiskocher geben. Sake und Sojasauce mit Wasser auf 600 ml auffüllen und zum Reis geben. Mit Salz würzen. Den Reis garen.

4 Frühlingszwiebeln putzen und hacken. Den Reis auf Schalen verteilen und mit den Frühlingszwiebeln garnieren.

Für 4 Portionen

480 g Reis

165 g Thunfisch aus der Dose

2 El Sake

2 Tl Sojasauce

1/4 Tl Salz

2 Frühlingszwiebeln

Zubereitungszeit: ca. 15 Minuten (plus Einweich- und Kochzeit)
Pro Portion ca. 500 kcal/2100 kJ
16 g E, 6 g F, 95 g KH

Fleisch- und Gemüseeintopf mit Miso

Für 4–6 Portionen

250 g Schweinefleisch

500 g Kotelettknochen vom Schwein

1 Stück Konnyaku

2 Shiitakes

1 Schwarzwurzel

1 Karotte, 2 ½ cm Daikon, 125 g süße Kartoffeln

100 g rote Sojabohnenpaste

Glutamat, Siebenpfeffergewürz oder Cayennepfeffer

Zubereitungszeit: ca. 30 Minuten (plus Koch- und Garzeit)
Pro Portion ca. 172 kcal/722 kJ
18 g E, 6 g F, 11 g KH

1 Schweinefleisch in Würfel schneiden und in 250 ml kochendem Wasser etwa 10 Sekunden kochen. Abgießen und abtropfen lassen. Kotelettknochen mit 1 ½ l Wasser in einem Topf bei geringer Temperatur etwa 30 Minuten köcheln. Den Schaum abschöpfen, Brühe durch ein mit einem Mulltuch ausgelegtes Sieb gießen und zurück in den Topf geben. Knochen wegwerfen.

2 Konnyaku in Streifen schneiden und in 250 ml heißem Wasser einmal aufkochen, dann abgießen, abtropfen lassen und beiseite stellen. Shiitakes etwa 4 Minuten in einem Dampftopf dünsten. Noch heiß die Stiele entfernen, wegwerfen, die Hüte in sehr dünne Streifen schneiden. Abkühlen lassen. Die Schwarzwurzel mit einem Gemüsehobel in dünne Schnitzel hobeln, etwa ¼ Tasse. Rest anderweitig verwenden.

3 Daikon und Karotte putzen und in dünne Streifen schneiden (etwa ½ cm breit, 3 cm lang). Kartoffeln schälen und würfeln. Konnyaku in die Brühe geben und langsam aufkochen. Daikon und Karotte zugeben und aufkochen. Dann Kartoffeln, Pilze und die Fleischwürfel hinzufügen und die Sojapaste unterrühren. Den Eintopf etwa 5 Minuten köcheln. Miso durch ein Sieb in die Suppe drücken, mit Glutamat würzen. Suppe in eine Schüssel füllen. Mit einer Prise Siebenpfeffergewürz oder Cayennepfeffer versehen. Vor dem Servieren den Eintopf mit Schwarzwurzelstücken garnieren.

Klare Hühnerbrühe mit Pilzen

Für 4 Portionen

200 g Hühnerbrust

2 Tl japanische Sojasauce

2 Tl Sake

Maisstärke

100 g Shimeji-Pilze

60 g Daikon-Sprossen

600 ml Dashi

1 Tl Salz

4 Streifen Yuzu-Rinde zum Garnieren

Zubereitungszeit: ca. 25 Minuten (plus Koch- und Garzeit)
Pro Portion ca. 105 kcal/441 kJ
14 g E, 3 g F, 5 g KH

1 Die Hühnerbrust in mundgerechte Würfel schneiden. Mit 1 Tl Sojasauce und Sake beträufeln, salzen und etwa 5 Minuten marinieren lassen.

2 Ein Küchentuch mit Maisstärke bestäuben und jedes Hühnchenstück mit dem Tuch abtupfen, sodass sich die Stärke auf das Fleisch verteilt. Die Fleischwürfel in kochendes Wasser geben und kochen, bis sie an die Oberfläche kommen. Aus dem Wasser holen, in kaltem Wasser abschrecken und abtropfen lassen.

3 Die Pilze putzen. Die Daikon-Sprossen unter fließendem Wasser waschen und die Enden abschneiden. In vier Bündel teilen und mit je einer Sprosse zubinden. Jeden Streifen Yuzu längs in 3 mm breite Stücke schneiden. Dashi in einem Topf zum Kochen bringen, die Pilze hineingeben. Aufkochen, dann mit Salz und Sojasauce abschmecken. Hühnchenfleisch und Daikon-Sprossen zugeben und sofort vom Herd nehmen. Die Suppe auf vier Schüsseln verteilen und jede mit etwas Yuzu garnieren.

Rohe Gerichte

Für europäische Geschmäcker ungewöhnlich ist die Vorliebe der Japaner für rohe Speisen.

Besonders, wenn es wie bei Sushi um rohen Fisch geht, teilen sich die Meinungen der Feinschmecker. Doch mit ganz frischen Zutaten ist das kein Problem. Und geschmacklich ein wahrer Hochgenuss. Lassen Sie sich überraschen von den Köstlichkeiten dieses Kapitels.

Avocado mit Wasabi

Für 4 Portionen

2 Avocados

2 El Zitronensaft

2 El Shoju

2 El Wasabipulver

2 El Brunnenkresse

Zubereitungszeit: ca. 20 Minuten
Pro Portion ca. 255 kcal/1071 kJ
4 g E, 27 g F, 1 g KH

1 Die Avocado längs halbieren. Die Kerne entfernen und die Avocados schälen. Das Fruchtfleisch in Fächer schneiden und mit Zitronensaft beträufeln. Kühl stellen.

2 Shoju in ein Schälchen geben. Wasabipulver mit etwas Wasser zu einer Paste verrühren und mit Shoju mischen.

3 Avocado auf Schälchen verteilen und den Dip darüber geben. Mit Brunnenkresse dekorieren.

Avocado mit Senf-Soja-Dressing

Für 4 Portionen

2 Avocados

1/2 El Senf

1 1/2 El Shoju

1/2 El Sake

2–3 El Beni-tade (Wasserpfeffer-Pflanze)

Zubereitungszeit: ca. 15 Minuten
Pro Portion ca. 253 kcal/1063 kJ
2 g E, 27 g F, 2 g KH

1 Die Avocados längs halbieren. Die Kerne vorsichtig entfernen und die Avocados schälen. Das Fruchtfleisch in 3 cm große Würfel schneiden.

2 Für das Dressing Senf, Shoyu, Sake miteinander mischen.

3 Die Avocadowürfel mit dem Dressing verrühren und auf Teller verteilen. Mit Beni-tade garniert servieren.

Sushi mit Dorade

Für 4 Portionen

120 g frisches Doradenfilet

400 g Sushireis

20 g Wasabi

100 g eingelegter Ingwer

Sojasauce

Zubereitungszeit: ca. 20 Minuten (plus Garzeit)
Pro Portion ca. 450 kcal/1890 kJ
13 g E, 1 g F, 94 g KH

1 Doradenfilet und Noriblatt in Streifen schneiden. Reis garen.

2 Aus dem Reis Bällchen formen. Mit Wasabi bestreichen und mit je einem Doradenstreifen belegen. Päckchen wie rechts beschrieben dekorieren und anrichten. Dazu Sojasauce reichen.

Sushi mit Lachs

Für 4 Portionen

120 g frisches Lachsfilet

400 g Sushireis

20 g Wasabi

100 g eingelegter Ingwer

Sojasauce

Zubereitungszeit: ca. 20 Minuten (plus Garzeit)
Pro Portion ca. 465 kcal/1953 kJ
13 g E, 3 g F, 94 g KH

1 Lachs und Noriblatt in Streifen schneiden. Reis garen.

2 Aus dem Reis Bällchen formen. Mit Wasabi bestreichen und mit Lachs belegen. Päckchen wie rechts beschrieben dekorieren und anrichten. Dazu Sojasauce reichen.

Sushi mit Tintenfisch

Für 4 Portionen

120 g frisches Tintenfischfleisch

400 g Sushireis

20 g Wasabi

100 g eingelegter Ingwer

Sojasauce

Zubereitungszeit: ca. 20 Minuten (plus Garzeit)
Pro Portion ca. 450 kcal/1890 kJ
12 g E, 2 g F, 95 g KH

1 Tintenfischfleisch und Noriblatt in Streifen schneiden. Reis garen.

2 Aus dem Reis Bällchen formen. Mit Wasabi bestreichen und mit Tintenfischfleisch belegen. Päckchen wie rechts beschrieben dekorieren und anrichten. Dazu Sojasauce reichen.

Sushi mit Thunfisch

1 Den Thunfisch mit einem scharfen Messer in etwa 1 ½ cm breite, etwa 5 cm lange Streifen schneiden.

2 Noriblatt mit einer Schere in dünne Streifen schneiden. Den Reis waschen und im Reiskocher garen. Dann abkühlen lassen.

3 Aus dem Reis längliche Bällchen formen. Darauf dünn Wasabi streichen und einen Thunfischstreifen darauf legen.

4 Jedes Päckchen mit einem Noristreifen umwinden. Den Ingwer abtropfen lassen und in Scheiben schneiden.

5 Etwa 6 Sushistücke pro Person auf einer Platte anrichten und mit Ingwer servieren. Sojasauce zum Dippen bereitstellen.

Für 4 Portionen

120 g frisches Thunfischfilet

1 Noriblatt

400 g Sushireis

20 g Wasabi

100 g eingelegter Ingwer

Sojasauce

Zubereitungszeit: ca. 20 Minuten (plus Garzeit)
Pro Portion ca. 510 kcal/2142 kJ
16 g E, 7 g F, 95 g KH

Für 4 Portionen

400 g mageres Rindfleisch

2 El Reisessig

2 El helle Sojasauce

2 El Dashi

2 Tl Ingwersaft

1 El Zucker

Zubereitungszeit: ca. 20 Minuten (plus Gefrierzeit)
Pro Portion ca. 182 kcal/763 kJ
21 g E, 9 g F, 25 g KH

Fleischcarpaccio mit Ingwersauce

1 Das Rindfleisch im Gefrierschrank etwas anfrieren lassen, dann mit einem sehr scharfen Messer in hauchdünne Scheiben schneiden und auf einer Platte anrichten.

2 Aus den übrigen Zutaten einen Dip rühren und über das Fleisch geben. Vor dem Servieren einige Zeit marinieren.

Für 4 Portionen

400 g Sashimi

4 El geröstete Sesamsamen

1 El Sake

1 Tl Zucker

½ El Shoyu

1 Prise Salz

Zubereitungszeit: ca. 20 Minuten (plus Gefrierzeit)
Pro Portion ca. 221 kcal/929 kJ
21 g E, 14 g F, 2 g KH

Fischcarpaccio mit Sesamdressing

1 Den Sashimi im Gefrierschrank etwas anfrieren lassen, dann mit einem sehr scharfen Messer in hauchdünne Scheiben schneiden und auf einer Platte anrichten.

2 Aus den übrigen Zutaten einen Dip rühren und über den Fisch geben. Vor dem Servieren einige Zeit marinieren.

Gehackter Thunfisch

Für 4 Portionen

400 g Thunfischfilet

2 Frühlingszwiebeln

2 El Miso

3 El frisch geriebener Ingwer

Zubereitungszeit: ca. 20 Minuten
Pro Portion ca. 235 kcal/990 kJ
23 g E, 15 g F, 2 g KH

1 Das Fischfilet mit einem scharfen Messer sehr fein hacken und in eine Schale geben.

2 Frühlingszwiebeln putzen und ebenfalls fein hacken. Zwiebeln in eine Schüssel geben und mit Misopaste vermischen.

3 Den Ingwer schälen und fein reiben. Mit Frühlingszwiebeln und Miso vermischen und alles unter das Thunfischfleisch rühren.

4 Gehackten Thunfisch mit Reis servieren.

Gehackte Dorade

Für 4 Portionen

400 g Doradenfilet

2 Frühlingszwiebeln

2 El Miso

3 El frisch geriebener Ingwer

Zubereitungszeit: ca. 20 Minuten
Pro Portion ca. 96 kcal/401 kJ
20 g E, 1 g F, 2 g KH

1 Das Fischfilet mit einem scharfen Messer sehr fein hacken und in eine Schale geben.

2 Frühlingszwiebeln putzen und ebenfalls fein hacken. Zwiebeln in eine Schüssel geben und mit Misopaste vermischen.

3 Den Ingwer schälen und fein reiben. Mit Frühlingszwiebeln und Miso vermischen und alles unter das Doradenfleisch rühren.

4 Gehackte Dorade mit Reis servieren.

Für 4 Portionen

300 g gekühlter Tofu

1 Frühlingszwiebel

2 cm Ingwer

2 cm Daikon

1 ½ Tl Sojasauce

3 El weiße Sesamkörner

Zubereitungszeit: 15 Minuten
Pro Portion ca. 115 kcal/483 kJ
12 g E, 7 g F, 2 g KH

Tofu auf japanische Art

1 Den gut gekühlten Tofu auf einer Platte anrichten und mit einem Löffel in der Mitte ein Stück herausnehmen.

2 Frühlingszwiebel putzen und fein hacken. Ingwer schälen und fein reiben. Daikon reiben.

3 Die Zutaten miteinander mischen und in die Mitte des ausgehöhlten Tofu geben. Kurz vor dem Servieren die Sojasauce darüber geben.

4 Alternativ den Tofu in Würfel schneiden und zusammen mit den übrigen Zutaten auf Tellern anrichten. Zusätzlich können noch geröstete Sesamsamen, Thunfischflocken, Tomaten und Zucchinischeiben dazugegeben werden. Die Sojasauce getrennt dazu reichen.

Gemüse mit Tofu und Sesamsauce

1 Konnyaku abtropfen lassen und raspeln. In 250 ml kochendem Wasser aufkochen, abgießen, 2 El Flüssigkeit aufbewahren und abkühlen lassen.

2 In einem zweiten Topf 250 ml Wasser zum Kochen bringen und den Tofu darin etwa 5 Minuten köcheln. Abgießen und abkühlen lassen. Dann in ein Küchentuch geben und die Flüssigkeit ausdrücken. Durch ein Sieb in eine Schüssel streichen.

3 Möhre schälen und reiben. 50 ml Wasser mit ½ Tl Salz mischen und die Möhre darin 30 Minuten einweichen. Abtropfen und ausdrücken.

4 Das Öl in einem Topf erhitzen, Konnyaku, Dashi, 5 g Zucker, ½ Tl Salz, 1 Prise Glutamat und die Sojasauce hineinrühren und aufkochen. Flüssigkeit zur Hälfte einkochen lassen, dann abkühlen.

5 Eine große Pfanne sehr heiß werden lassen und den Sesam darin ohne Fett rösten. Anschließend im Mörser zu einer Paste zerstoßen oder mit etwas Sojasauce im Mixer zerkleinern. Sesampaste mit dem Tofu mischen und die Kornyckuflüssigkeit unterrühren.

6 Beiseite gestelltes Gemüse und restlicher Zucker unter die Paste mischen und servieren.

Für 4 bis 6 Portionen

2 Stücke Konnyaku

200 g Tofu

1 Möhre

Salz

1 Tl Pflanzenöl

125 ml Niban Dashi

20 g Zucker

Glutamat

¼ Tl japanische Sojasauce

3 EL weiße Sesamsamen

Zubereitungszeit: ca. 30 Minuten (plus Koch-, Einweich- und Röstzeit)
Pro Portion ca. 180 kcal756 kJ
15 g E, 8 g F, 12 g KH

Sashimi mit Thunfisch

Für 4 Portionen

320 g frisches Thunfischfilet

20 g Wasabi

Sojasauce

Zubereitungszeit: ca. 20 Minuten
Pro Portion ca. 189 kcal/796 kJ
18 g E, 13 g F, 1 g KH

1 Thunfischfilet nach Belieben schneiden oder würfeln.

2 Mit Wasabi und Sojasauce anrichten. Mit Frühlingszwiebelgrün garnieren.

Sashimi mit Lachs

Für 4 Portionen

320 g frisches Lachsfilet

20 g Wasabi

Sojasauce

Zubereitungszeit: ca. 20 Minuten
Pro Portion ca. 117 kcal/489 kJ
15 g E, 6 g F, 1 g KH

1 Lachsfilet nach Belieben schneiden oder würfeln.

2 Mit Wasabi und Sojasauce anrichten. Mit Rettichstreifen garnieren.

Sashimi mit Dorade

Für 4 Portionen

320 g frisches Doradenfilet

20 g Wasabi

Sojasauce

Zubereitungszeit: ca. 20 Minuten
Pro Portion ca. 77 kcal/324 kJ
16 g E, 1 g F, 1 g KH

1 Doradenfilet nach Belieben schneiden oder würfeln.

2 Mit Wasabi und Sojasauce anrichten. Mit Möhrenstreifen garnieren.

Sashimi mit Sojasauce und Wasabi

Für 4 Portionen

320 g frisches Fischfilet, gemischt (4 x 80 g)

20 g Wasabi

Sojasauce

Zubereitungszeit: ca. 20 Minuten
Pro Portion ca. 234 kcal/983 kJ
13 g E, 20 g F, 1 g KH

1 Die verschiedenen Fischfilets in flache Scheiben, Würfel, dünne (3 mm) Streifen oder hauchdünne Scheiben schneiden.

2 Wasabi und Sojasauce bereitstellen.

3 Die Fischstücke dekorativ auf einer Platte anrichten und nach Belieben mit Rettich, Möhren oder Salat garnieren. Die Fischstücke werden vor dem Essen in Wasabi und Sojasauce gedippt.

Bambussprossen mit grüner Sauce

Für 4 Portionen

240 g Bambussprossen in Scheiben (aus der Dose)

225 ml Nihan Dashi

10 g Zucker

Salz

Glutamat

2 El Sake

Kombu (4 x 4 cm, Blatt-Tang)

100 g frischer Spinat

30 ml weiße Misosauce

1/4 Tl japanischer Pfeffer

Zubereitungszeit: ca. 30 Minuten (plus Kochzeit)
Pro Portion ca.42 kcal/176 kJ
2 g E, 1 g F, 4 g KH

1 Die Bambusscheiben in Würfel schneiden. In wenig kochendem Wasser etwa 3 Minuten köcheln, abgießen. In einem großen Topf Dashi, Zucker, 1/4 Tl Salz, 1 Prise Glutamat, Sake und gewaschenen Kombu aufkochen und unter Rühren die Bambussprossen hinzufügen. So lange kochen lassen, bis die Flüssigkeit fast völlig verkocht ist. Etwas abkühlen lassen.

2 Die Spinatblätter verlesen, putzen und gründlich waschen. Auf Küchenpapier abtropfen lassen. Die Blätter in einem Mörser zerstoßen oder mit dem Messer fein hacken und mit etwas Salz zu einer Paste verrühren. Mit 200 ml Wasser verrühren und in einen Topf geben. Aufkochen, dann durch ein Sieb abgießen, Flüssigkeit auffangen.

3 Miso-Sauce in eine Schüssel geben und mit dem Spinatpüree zu einer homogenen Masse verrühren. Den Pfeffer und die Bambussprossen untermischen.

Auberginen in Miso-Senf-Sauce

Für 4–6 Portionen

1 El Senfpulver

500 g Auberginen

1 Tl Salz

50 ml weiße Misosauce

1 El japanische Sojasauce

Zubereitungszeit: ca. 20 Minuten (plus Ruhe- und Kochzeit)
Pro Portion ca. 43 kcal/180 kJ
3 g E, 1 g F, 4 g KH

1 Senfpulver mit etwas heißem Wasser zu einer dicken Paste verrühren und etwa 15 Minuten ruhen lassen. Auberginen putzen, waschen, halbieren und in etwa 5 cm große Würfel schneiden.

2 Die Auberginenwürfel in 500 ml gesalzenem Wasser etwa 5 Minuten kochen, dann in ein Sieb geben und abkühlen lassen. Auberginen mit Küchenpapier trockentupfen.

3 Misosauce, Sojasauce und Senfpaste in einer Schüssel zu einer gleichmäßigen Masse verrühren. Auberginenwürfel hineingeben und darin gut wenden, bis sie mit Marinade überzogen sind.

Konnyaku-Möhren-Salat mit Tofu und Dressing

1 Konnyaku in Wasser etwa 5 Minuten kochen. Abgießen, abschrecken und abtropfen lassen. Waagerecht halbieren, die Hälften längs in dünne Scheiben schneiden. Die Pilze in Wasser einweichen.

2 Den Tofu in kochendem Wasser kurz blanchieren. Abtropfen lassen, in ein Küchentuch wickeln und dann in eine Bambusmatte wickeln. Mit zwei Holzbrettern beschweren und 30 Minuten ruhen lassen.

3 Die Pilze ausdrücken, Stiele entfernen und die Köpfe in Scheiben schneiden. Möhre schälen und in dünne Streifen schneiden. Dashi, Mirin und Sojasauce zum Kochen bringen und Konnyaku, Pilze und Möhre darin köcheln, bis die Flüssigkeit verkocht ist. Abgießen und bis zum Servieren kühl stellen.

4 Die Gurke in dünne Scheiben schneiden und in Salzwasser weich werden lassen. Gut ausdrücken. Sesam im Mörser oder der Küchenmaschine sehr fein zermahlen. Tofu durch ein Sieb streichen und zum Sesam geben. Zucker, Sake und Sojasauce hinzufügen und alles zu eine cremigen Paste verrühren. Gemüse mit dem Tofudressing verrühren. Mit gehacktem Ingwer bestreut servieren.

Für 4 Portionen

20 g Konnyaku

4 getrocknete Shiitakes

50 g Möhren

1 japanishe Gurke

Salz

300 g Tofu

6 El geröstete Sesamsamen

3 El Zucker

1 El Sake

1 El helle Sojasauce

120 ml Dashi

2 El Mirin

1 El helle Sojasauce

1 El gehackter Ingwer

Zubereitungszeit: ca. 30 Minuten (plus Kochzeit)
Pro Portion ca. 265 kcal/1113 kJ
13 g E, 10 g F, 29 g KH

Fisch in Zitronensauce

1 Den Meerrettich mit kaltem Wasser zu einer dicken Paste verrühren und etwa 15 Minuten ruhen lassen.

2 Die Fischfilets auf einer Arbeitsplatte auslegen, aufschneiden und flach drücken: Dann in dünne Streifen (0,5 cm x 4 cm) schneiden. Mit 1 Tl Salz und Glutamat bestreuen.

3 Den Kombu unter fließendem Wasser waschen und trockentupfen. Zwei Blätter in eine große Schüssel oder Form legen, den Fisch darüber verteilen und mit den restlichen Blättern Kombu abdecken. Über Nacht in den Kühlschrank stellen.

4 Den Fisch auf 4 Teller oder Schalen verteilen (Kombu wegwerfen). Zitronensaft mit Dashi, restlichem Salz und Sojasauce mischen und über den Fisch geben. Mit Wasabi-Paste garnieren. Als Vorspeise oder Teil des Hauptgerichts servieren.

Für 4 Portionen

2 Tl Wasabi (Meerrettich)

250 g Rotbarschfilet

1 1/2 Tl Salz

Glutamat

4 etwa 13 x 13 cm große Stücke Kombu (Blatt-Tang)

2 El Zitronensaft

4 El Nihan Dashi

1 Tl japanische Sojasauce

Zubereitungszeit: ca. 20 Minuten
Pro Portion ca. 88 kcal/369 kJ
13 g E, 2 g F, 1 g KH

Für 4–6 Portionen

2 Salatgurken à 250 g (etwa 5 cm dick)

30 g Salz

2 Bund Petersilie

50 g Krabbenfleisch

etwa 7 g eingelegter roter Ingwer

Sambai-Sauce:

2 1/2 Tl Reis- oder Weinessig

2 1/2 Tl Nihan Dashi

20 g Zucker

2 Tl japanische Sojasauce

1/8 Tl Salz

Glutamat

Zubereitungszeit: ca. 30 Minuten (plus Kochzeit)
Pro Portion ca. 74 kcal/310 kJ
4 g E, 1 g F, 11 g KH

Gefüllte Gurke mit Krebsfleisch und Sambai-Sauce

1 Die Gurken schälen, dabei einige dünne Schalenstreifen stehen lassen. Mit dem Salz einreiben und etwa 15 Minuten stehen lassen. Anschließend unter fließendem Wasser das Salz abwaschen. Gurken trockentupfen, halbieren, die Enden abschneiden und vorsichtig die Kerne entfernen, sodass ein Tunnel entsteht. 250 ml Wasser zum Kochen bringen. Petersilie hineingeben und blanchieren. Abgießen und abschrecken.

2 Das Krabbenfleisch von Panzer- und Knorpelteilchen befreien und in schmale Streifen schneiden. Auch den Ingwer in dünne Streifen schneiden. Die Gurken an einer Seite vorsichtig aufschneiden und mit den Fingern oder der Gabel Krabbenfleisch, Petersilie und Ingwer hineinfüllen. Dann wieder gut zusammendrücken.

3 Aus Reisessig, Nihan Dashi, Zucker, Sojasauce, Salz und Glutamat nach Geschmack eine Sauce herstellen. Alle Zutaten in einem Topf unter Rühren zum Kochen bringen. Topf vom Herd nehmen und die Sauce abkühlen lassen.

4 Die Gurken in etwa 1 cm dicke Scheiben schneiden und auf Teller verteilen. Mit der Sambai-Sauce überziehen. Als Vorspeise oder Teil des Hauptgerichts servieren.

Rettich und Möhre in Essigsauce

1 Den Rettich putzen und fein raspeln. Die Möhre putzen, schälen und ebenfalls raspeln. Rettich und Möhre mit Salz und 250 ml kaltem Wasser in einer Schüssel mischen und etwa 30 Minuten einweichen lassen.

2 50 g Thunfisch in eine Pfanne geben und bei geringer Temperatur unter Rühren etwa 4 Minuten erhitzen. Den heißen Fisch in einer Schüssel mit dem Mörser zerstoßen. Restliche Thunfischflocken durch ein Sieb auf ein Stück Brotpapier geben und beiseite stellen.

3 Rettich und Möhre aus der Marinade nehmen und abtropfen lassen. In einer Schüssel mit Essig, Zucker und etwas Glutamat verrühren und das Thunfischpulver sowie die restlichen Flocken zugeben. Als Vorspeise oder Beilage reichen.

Für 4–6 Personen

250 g Daikon

1 kleine Möhre

15 g Salz

100 g getrockneter Thunfisch in Flocken

1 El Reisessig

10 g Zucker

Glutamat

Zubereitungszeit: ca. 25 Minuten (plus Einweich- und Kochzeit)
Pro Portion ca. 84 kcal/352 kJ
6 g E, 4 g F, 4 g KH

Möhren mit Sesamsauce

Für 4–6 Portionen

500 g Möhren

Salz, Glutamat

250 ml Nihan Dashi

25 g Zucker

4 El Sake

2 1/4 El japanische Sojasauce

100 g geröstete Sesamsamen

Zubereitungszeit: ca. 30 Minuten (plus Gar- und Kochzeit)
Pro Portion ca. 201 kcal/844 kJ
6 g E, 13 g F, 12 g KH

1 Die Möhren putzen, schälen und in dünne Stifte schneiden. Wie die Bohnen zubereiten und abkühlen lassen.

2 Die Sesamsauce wie rechts beschrieben zubereiten und die Möhren darin wenden. Als Vorspeise oder Beilage zum Hauptgericht servieren.

Rettich mit Sesamsauce

Für 4–6 Portionen

500 g Daikon

Salz

250 ml Nihan Dashi

25 g Zucker

Glutamat

4 El Sake

2 1/4 El japanische Sojasauce

100 g geröstete Sesamsamen

Zubereitungszeit: ca. 30 Minuten (plus Kochzeit)
Pro Portion ca. 199 kcal/835 kJ
6 g E, 14 g F, 11 g KH

1 Den Rettich putzen, waschen und fein raspeln.

2 Dashi, 15 g Zucker, 1/4 Tl Salz, 1 Pr Glutamat, 1 El Sake und 1/4 El Sojasauce miteinander mischen und den Rettich hineingeben. Kurz aufkochen und abkühlen lassen.

3 Die Sesamsauce wie rechts beschrieben zubereiten und den Rettich darin wenden. Als Vorspeise oder Beilage zum Hauptgericht servieren.

Konnyaku mit Sesamsauce

Für 4–6 Portionen

500 g Konnyaku

Salz

250 ml Nihan Dashi

25 g Zucker

Glutamat

4 El Sake

2 1/4 El japanische Sojasauce

100 g geröstete Sesamsamen

Zubereitungszeit: ca. 30 Minuten (plus Koch- und Garzeit)
Pro Portion ca. 202 kcal/848 kJ
6 g E, 14 g F, 12 g KH

1 Konnyaku abtropfen lassen und raspeln. Wie die grünen Bohnen zubereiten, allerdings nur aufkochen lassen, dann sofort abgießen. Konnyaku in der Sojasauce aufkochen.

2 Die Sesamsauce wie rechts beschrieben zubereiten und Konnyaku darin wenden. Als Vorspeise oder Beilage zum Hauptgericht servieren.

Grüne Bohnen mit Sesamsauce

1 Bohnen putzen, waschen und in etwa 1 cm große Stücke schneiden. In etwa 500 ml leicht gesalzenem Wasser etwa 8 Minuten garen, sie dürfen nicht weich sein. Abgießen und abschrecken.

2 Dashi, 15 g Zucker, 1/4 Tl Salz, 1 Prise Glutamat, 1 El Sake und 1/4 El Sojasauce in den selben Topf mischen, aufkochen und die Bohnen hineingeben. Erneut aufkochen und abkühlen lassen.

3 Restlichen Sake in einem Topf erhitzen, Topf vom Herd nehmen und den Wein anzünden. Die Flamme durch Hin- und Herbewegen des Topfes zum Erlischen bringen. Sake abkühlen lassen.

4 Die Sesamkörner im Mörser zerstoßen und mit etwas Wasser zu einer Paste verrühren. Sake mit restlichem Zucker, Sojasauce und Sesampaste vermischen. Die Bohnen in der Sauce wenden und mit Salz abschmecken. Auf Schalen verteilen und servieren.

Für 4–6 Portionen

500 g grüne Brechbohnen

Salz, Glutamat

250 ml Nihan Dashi

25 g Zucker

4 El Sake

2 1/4 El japanische Sojasauce

100 g geröstete Sesamsamen

Zubereitungszeit: ca. 30 Minuten (plus Koch- und Garzeit)
Pro Portion ca. 219 kcal/919 kJ
7 g E, 14 g F, 13 g KH

Rettich mit „Hagelkörner"-Sauce

Für 4–6 Portionen

250 g Daikon

1 El Zitronensaft

1/4 Tl Salz

Glutamat

175 g roter Kaviar

1 Handvoll Brunnenkresse

1 Zitrone

Zubereitungszeit: ca. 20 Minuten
Pro Portion ca. 80 kcal/336 kJ
9 g E, 1 g F, 5 g KH

1 Den Rettich putzen, waschen, schälen und fein raspeln.

2 Daikon mit Zitronensaft, Salz und 1 Prise Glutamat in eine Schüssel geben und den Kaviar vorsichtig untermischen. Die Körner dürfen nicht zerdrückt werden. Diese Mischung auf 4 bis 6 Schalen oder Tellerchen verteilen.

3 Brunnenkresse waschen und trockenschütteln. Die Zitrone heiß waschen und in 4 bis 6 Scheiben schneiden. Die Kaviarmischung mit Brunnenkresse und Zitronenscheiben dekorieren und servieren. Es ist auch möglich, die Daikon-Sauce und den Kaviar getrennt zu servieren.

Schlüpfrige Pilze mit Sauce

Für 4–6 Portionen

425 g Nameko (schlüpfrige Pilze) aus der Dose

etwa 4 cm Daikon

1 Tl Reisessig

1/8 Tl Salz

1 Tl abgeriebene Schale von einer unbehandelten Zitrone

Zubereitungszeit: ca. 25 Minuten (plus Kochzeit)
Pro Portion ca. 14 kcal/58 kJ
1 g E, 0 g F, 1 g KH

1 Die Pilze in etwa 500 ml kochendes Wasser geben und einmal aufkochen. In ein Sieb gießen und mit kaltem Wasser abschrecken, sodass die Pilze schnell abkühlen.

2 Den Daikon putzen, waschen, schälen und fein raspeln. In einer Schüssel mit Reisessig und Salz vermischen.

3 Die Pilze unter die Daikon-Sauce heben und mehrmals wenden, damit sie gut damit bedeckt sind. Pilze auf 4 bis 6 kleine Schalen verteilen mit geriebener Zitronenschale bestreut servieren. Als Vorspeise oder Teil des Hauptgerichts servieren.

Gedämpfte Gerichte

Dämpfen ist die schonendste Art der Zubereitung, da die Lebensmittel hier nur durch heißen Dampf im eigenen Saft gegart werden. Japaner verwenden eigens dafür entwickelte Dämpftöpfe aus Bambus. Doch es genügt auch, in einen Topf etwa vier Finger hoch Wasser zu geben und darauf umgedreht eine feuerfeste Schüssel zu stellen, auf die ein Teller mit dem Dämpfgut gestellt wird.

Gedämpftes Schweinefleisch

Für 4 Portionen

1 Frühlingszwiebel

4 cm Ingwer

600 g Schweinefleisch aus dem Schinken

1 Gurke

1 Möhre

5 El Sake

scharfer Senf

Sojasauce

Zubereitungszeit: ca. 20 Minuten (plus Dämpfzeit)
Pro Portion ca. 214 kcal/899 kJ
32 g E, 9 g F, 2 g KH

1 Frühlingszwiebel putzen und in dünne Ringe schneiden. Ingwer schälen und in dünne Streifen schneiden. Beides mit dem Fleisch in einen Topf geben und den Sake darüber träufeln. Bei mittlerer Temperatur etwa 30 Minuten dämpfen. Fleisch in der Brühe abkühlen lassen.

2 Die Gurke schälen, entkernen und in streichholzdünne Streifen schneiden. Die Möhre schälen und in dünne Scheiben hobeln. Das Fleisch in Scheiben schneiden und auf den Gurkenstreifen und Möhrenscheiben anrichten. Dazu Senf und Sojasauce reichen.

Gefüllte Shiitakes

Für 4 Portionen

16 frische Shiitakes

50 g Lauch, 1 Möhre

3 cm Ingwerwurzel

250 g gemischtes Hackfleisch

3 El Paniermehl

Salz, 2 El Sake

1 Tl Sojasauce, 1 Ei

3 El Speisestärke

20 Zuckerschoten

400 ml Dashi

2 El Mirin

1 Tl helle Sojasauce

Zubereitungszeit: ca. 20 Minuten (plus Dämpf- und Kochzeit)
Pro Portion ca. 285 kcal/1197 kJ
21 g E, 14 g F, 20 g KH

1 Die Pilze gründlich putzen, waschen und den Fuß entfernen. Das Innere der Pilze mit Speisestärke bestreuen, etwa 1 El zurückbehalten. Lauch putzen und in dünne Ringe schneiden, Karotte und Ingwer schälen und ganz fein würfeln.

2 Gemüse mit dem Hackfleisch, Paniermehl, etwas Salz, 1 El Sake, Sojasauce und Ei vermischen und in die Pilze füllen. Die Pilze in einen Dämpftopf setzen und etwa 15 Minuten bei mittlerer Temperatur dämpfen. Dabei ein Tuch zwischen Deckel und Pilze legen, um Tropfwasser aufzufangen.

3 Zuckerschoten putzen und in kochendem Wasser etwa 10 Minuten garen. Restliche Speisestärke in 1 El Wasser anrühren. Dashi in einem Topf mit Mirin, Sake und Sojasauce aufkochen und mit der angerührten Stärke binden. Mit Salz abschmecken. Pilze mit den Zuckerschoten und der Sauce servieren. Dazu Reis reichen.

Gyoza mit Shiitake

Für 4 Portionen

8 runde TK-Weizenteigblätter

500 g Shiitakes

1 Bund Frühlingszwiebeln

Salz

3 El Sojasauce

2 Eiweiß

Zubereitungszeit: ca. 20 Minuten (plus Dämpfzeit)
Pro Portion ca. 174 kcal/731 kJ
6 g E, 9 g F, 23 g KH

1 Die Teigblätter auftauen lassen. Pilze putzen, waschen und klein schneiden. Die Frühlingszwiebeln putzen und fein hacken. Beides mischen, würzen und die Teigblätter damit wie rechts beschrieben füllen.

2 Die Teigblätter wie rechts beschrieben dämpfen und servieren.

Gyoza mit Garnelen und Spinat

Für 4 Portionen

8 runde TK-Weizenteigblätter

500 frischer Spinat

500 g gekochte Garnelen

Salz

3 El helle Sojasauce

2 Eiweiß

Zubereitungszeit: ca. 20 Minuten (plus Dämpfzeit)
Pro Portion ca. 268 kcal/1126 kJ
32 g E, 11 g F, 10 g KH

1 Teigblätter auftauen lassen. Spinat wie beschrieben vorbereiten. Garnelen hacken und mit dem Spinat mischen, dann würzen.

2 Teigblätter wie rechts beschrieben füllen und dämpfen. Warm servieren.

Gyoza mit Karotten und Rettich

Für 4 Portionen

8 runde TK-Weizenteigblätter

600 g Karotten

400 g Daikon (weißer Rettich)

Salz

2 El Sojasauce

2 El Honig

2 Eiweiß

Zubereitungszeit: ca. 20 Minuten (plus Dämpfzeit)
Pro Portion ca. 166 kcal/697 kJ
6 g E, 9 g F, 15 g KH

1 Teigblätter auftauen lassen. Karotten und Rettich schälen und raspeln, Sojasauce und Honig verrühren und unter das Gemüse mischen. Mit Salz abschmecken.

2 Teigblätter wie rechts beschrieben füllen und dämpfen. Warm servieren.

Gedämpfte Gyoza

Für 4 Portionen

8 runde TK-Weizenteigblätter

1 kg frischer Spinat

2 Zwiebeln

Salz

3 El Sojasauce

2 Eiweiß

Zubereitungszeit: ca. 20 Minuten (plus Auftau- und Dämpfzeit)
Pro Portion ca. 174 kcal/731 kJ
10 g E, 9 g F, 12 g KH

1 Die Weizenteigblätter auftauen lassen. Den Spinat verlesen, putzen und abtropfen lassen. Klein hacken. Die Zwiebeln schälen und ebenfalls hacken.

2 Zwiebeln und Spinat miteinander mischen und mit Salz und Sojasauce würzen. Die Mischung auf den Teigblättern verteilen. Die Ränder mit verquirltem Eiweiß bestreichen und die Blätter zusammenrollen.

3 Teigblätter in einem Dampftopf etwa 20 Minuten dämpfen, dann herausnehmen und in Streifen schneiden. Noch heiß servieren.

Für 4 Portionen

1 küchenfertige Meerbrasse

1 Bund Frühlingszwiebeln

20 g eingelegter Ingwer

4 El Sake

2 El Sesamöl

Salz

Pfeffer

Zubereitungszeit: ca. 20 Minuten (plus Dämpfzeit)
Pro Portion ca. 202 kcal/848 kJ
29 g E, 9 g F, 1 g KH

Gedämpfte Meerbrasse mit Frühlingszwiebeln

1 Die Meerbrasse trockentupfen, dann innen und außen mit Salz und Pfeffer einreiben.

2 Die Frühlingszwiebeln putzen, waschen und den weißen Teil in Streifen, den grünen Teil in Ringe schneiden. Den Ingwer in dünne Stifte schneiden. Sesamöl mit Sake mischen.

3 Den Fisch in einen Dämpftopf legen und mit der Sakeflüssigkeit sowie Ingwer und weißen Frühlingszwiebelteilen belegen. Die grünen Zwiebelringe um den Fisch herumlegen.

4 Fisch bei mittlerer Temperatur etwa 20 Minuten dämpfen. Dann mit Sojasauce und einem Chilidip servieren.

Für 4–6 Portionen

1 küchenfertiger Lachs

250 g Lauch

10 g Ingwer

4 El Sake

2 El Sesamöl

Salz

Pfeffer

Kerbelblätter zum Garnieren

Zubereitungszeit: ca. 15 Minuten (plus Dämpfzeit)
Pro Portion ca. 238 kcal/1000 kJ
29 g E, 12 g F, 3 g KH

Gedämpfter Lachs mit Lauch

1 Den Lachs innen und außen mit Salz und Pfeffer einreiben und in einen Dämpftopf geben.

2 Lauch putzen, waschen und grüne wie weiße Teile getrennt in dünne Streifen schneiden. Ingwer schälen und fein reiben. Sake und Sesamöl miteinander mischen.

3 Den Fisch mit der Ölmischung beträufeln, weiße Lauchteile und Ingwer darauf legen. Die grünen Lauchteile darum herumlegen. Fisch bei mittlerer Temperatur etwa 20 Minuten dämpfen.

4 Mit Sojasauce servieren und mit Kerbelblättern dekorieren. Dazu Reis reichen.

Gedämpfte Muscheln

Für 4 Portionen

1,5 kg Venusmuscheln mit Schalen

8 El Sake

4 Tl Sojasauce

8 Tl Sesamöl

5 cm frische Ingwerwurzel

2 Frühlingszwiebeln, nur das Grün

Zubereitungszeit: ca. 30 Minuten (plus Einweich- und Dämpfzeit)
Pro Portion ca. 310 kcal/1302 kJ
35 g E, 11 g F, 18 g KH

1 Die Muscheln mit den Schalen etwa 3 Stunden in Salzwasser legen, bis aller Sand ausgespült ist. Die Muscheln gut abbürsten und in eine Schüssel geben.

2 Sake, Sojasauce und Öl miteinander mischen und über die Muscheln geben. Den Ingwer schälen und in dünne Streifen schneiden. Über die Muscheln verteilen.

3 Muscheln bei hoher Temperatur dämpfen, bis alle Schalen geöffnet sind. Geschlossene Schalen wegwerfen. Muschelfleisch aus den Schalen lösen. Mit geschnittenem Zwiebelgrün bestreut und dem Dämpfsud servieren.

Gedämpfter Tofu mit Fisch

Für 4 Portionen

4 Doradenfilets (à 100 g)

Salz

4 El Sake

200 g Tofu

20 cm Konbu (oder 4 Stücke á 5 cm)

2 Lauchstangen

8 Shiitakes

4 gekochte Shrimps

800 ml Dashi

1 Limone

1 Bund frisch gehackter Schnittlauch

Zubereitungszeit: ca. 20 Minuten (plus Ruhe- und Dämpfzeit)
Pro Portion ca. 283 kcal/1189 kJ
34 g E, 12 g F, 9 g KH

1 Das Fischfilet mit Salz einreiben und mit Sake beträufeln. Anschließend 30 Minuten ruhen lassen.

2 Tofu in vier Stücke schneiden. Den Konbu feucht abreiben und auf eine Schale legen. Darauf den Fisch sowie den Tofu legen. Lauch putzen, waschen und in Ringe schneiden. Pilze putzen und klein schneiden. Alle Zutaten auf den Fisch legen und mit Dashi begießen.

3 Schale in einen Dämpftopf stellen und etwa 20 Minuten dämpfen.

4 Limone heiß waschen und die Schale in Zesten abschälen. Gedämpftes Fischfilet mit den Limonenstreifen und Schnittlauch bestreut servieren. Nach Geschmack roten Pfeffer und Sojasauce dazu reichen.

Gedämpfte Garnelen

Für 4 Portionen

12 Riesengarnelen

50 g Surimipaste

1 Eiweiß

Salz

etwa 25 g Erbsen

Zubereitungszeit: ca. 20 Minuten (plus Garzeit)
Pro Portion ca. 172 kcal/722 kJ
34 g E, 3 g F, 2 g KH

1 Mit Hilfe von Bambusstäbchen den Darm der Garnelen entfernen. Die Garnelen gründlich waschen. Garnelen in der Schale etwa 10 Minuten in kochendem Salzwasser garen. Dann herausnehmen und etwas abkühlen lassen.

2 Die Surimipaste cremig rühren und mit Eiweiß und Salz mischen.

3 Die Garnelen von den Schalen befreien und am Rücken aufschneiden. Die Surimipaste hineinfüllen und mit Erbsen dekorieren.

4 Garnelen bei mittlere Temperatur etwa 20 Minuten dämpfen.

Gedämpfte Pilze

1 Die Pilze putzen, waschen und die Stiele entfernen. Die Innenseiten der Pilze mit Speisestärke versehen.

2 Die Surimipaste mit Eiweiß und etwas Salz mischen und die Pilze damit füllen.

3 Die Pilze auf eine Schale setzen und im Dämpftopf etwa 15 Minuten bei mittlerer Temperatur dämpfen.

4 Nach dem Garen auf die Surimifüllung mit heißen Schaschlikspießen ein Muster anbringen.

Für 4 Portionen

10 große Shiitakes

Speisestärke

100 g Surimipaste

1 Eiweiß

Salz

Zubereitungszeit: ca. 20 Minuten (plus Dämpfzeit)
Pro Portion ca. 42 kcal/176 kJ
6 g E, 0 g F, 75 g KH

Für 4 Portionen

4 Hühnerschnitzel

Salz, Pfeffer

250 g Wirsing

1 rote Paprikaschote

1 kleiner Rettich

4 Scheiben Käse

8 El Sake

Zubereitungszeit: ca. 25 Minuten (plus Koch- und Dämpfzeit)
Pro Portion ca. 185 kcal/777 kJ
39 g E, 2 g F, 3 g KH

Hühnerrollen mit Wirsing und Paprika

1 Hühnerschnitzel vorbereiten. Wirsing putzen, waschen, harte Strünke entfernen. Paprika putzen, waschen, entkernen. Gemüse in Streifen schneiden und blanchieren.

2 Hühnerschnitzel mit Käse belegen und mit dem Gemüse füllen. Fleisch zusammenrollen und wie beschrieben dämpfen.

Für 4 Portionen

2 Entenbrüste

Salz, Pfeffer

4 Karotten

1/2 Bund Frühlingszwiebeln

1 kleiner Rettich

4 Scheiben Käse

8 El Sake

Zubereitungszeit: ca. 25 Minuten (plus Koch- und Dämpfzeit)
Pro Portion ca. 194 kcal/815 kJ
16 g E, 12 g F, 5 g KH

Entenrollen mit Karotten und Zwiebeln

1 Die Entenbrüste jeweils in 2 gleichmäßige Scheiben schneiden und würzen. Karotten schälen und in 5 cm lange Streifen schneiden. Frühlingszwiebeln putzen, waschen, halbieren und ebenfalls in Streifen schneiden. Gemüse blanchieren.

2 Das Entenfleisch mit Käse und Gemüse füllen, mit Sake beträufeln und wie angegeben dämpfen.

Für 4 Portionen

4 Hühnerschnitzel

Salz, Pfeffer

1/2 Schlangengurke

20 g eingelegter Ingwer

1 kleiner Rettich

4 Scheiben Käse

8 El Sake

Zubereitungszeit: ca. 25 Minuten (plus Dämpfzeit)
Pro Portion ca. 169 kcal/710 kJ
37 g E, 1 g F, 1 g KH

Hähnchenrollen mit Ingwer und Gurke

1 Hühnerschnitzel vorbereiten. Gurke schälen, halbieren, entkernen und in etwa 5 cm lange Streifen schneiden. Den Ingwer fein reiben.

2 Fleischscheiben mit Käse belegen und mit Gurkenstreifen und Ingwer füllen. Wie beschrieben dämpfen.

Gedämpfte Hühnerröllchen

1 Die Hühnerschnitzel dünn klopfen und mit Salz und Pfeffer würzen.

2 Die Karotten schälen und in dünne Streifen schneiden. Die Bohnen putzen, entfädeln und waschen. Rettich schälen und in Streifen schneiden. Das Gemüse in kochendem Salzwasser etwa 10 Minuten bissfest garen.

3 Jedes Hühnerschnitzel mit einer Scheibe Käse belegen und das Gemüse darauf geben. Die Schnitzel zusammenrollen und mit Spießen feststecken.

4 Die Rollen auf eine Schale legen, mit Sake beträufeln und etwa 20 Minuten dämpfen. Dann herausnehmen und in dünne Scheiben schneiden.

Für 4 Portionen

4 Hühnerschnitzel

Salz, Pfeffer

4 Karotten

250 g grüne Bohnen

1 kleiner Rettich

4 Scheiben Käse

8 El Sake

Zubereitungszeit: ca. 20 Minuten (plus Koch- und Dämpfzeit)
Pro Portion ca. 206 kcal/865 kJ
40 g E, 2 g F, 7 g KH

Kohlröllchen mit Hühnerfleisch

Für 4 Portionen

4 Kohlblätter

2 Karotten

300 g gehacktes Hühnerfleisch

1 El Sake

3 El helle Sojasauce

1 ¹/₂ El Reisessig

1 Tl scharfer Senf

Zubereitungszeit: ca. 30 Minuten (plus Blanchier- und Dämpfzeit)
Pro Portion ca. 132 kcal/554 kJ
17 g E, 6 g F, 2 g KH

1 Die Kohlblätter waschen, harte Strünke entfernen und die Blätter in kochendem Wasser etwa 3 Minuten blanchieren. Abtropfen und abkühlen lassen. Die Karotten schälen und in 12 cm lange, 1,5 cm dicke Stücke schneiden. In kochendem Wasser kurz blanchieren.

2 Das Hühnerfleisch in einer Schüssel mit Sake und 1 El Sojasauce mischen. Die Kohlblätter mit jeweils einem Viertel der Fleischmasse belegen. Jeweils ein Karottenstück in die Mitte drücken. Die Kohlblätter zusammenrollen. Die Kohlrollen etwa 15 Minuten bei mittlerer Temperatur im Dämpftopf garen. Anschließend in Scheiben schneiden. Aus Reisessig, restlicher Sojasauce und Senf einen Dip rühren und dazu reichen.

Gedämpfter Hühnchenbrustsalat

Für 4 Portionen

300 g Hühnchenbrust

2 Bund Frühlingszwiebeln

etwa 6 cm frischen Ingwer

Salz

1 El Sake

1 El Sesamöl

1 El Sonnenblumenöl

1 El Zitronensaft

Pfeffer

1 getrocknete Chilischote

Zubereitungszeit: ca. 30 Minuten (plus Koch- und Dämpfzeit)
Pro Portion ca. 100 kcal/420 kJ
18 g E, 2 g F, 2 g KH

1 Hühnerbrust säubern und auf eine Schale legen. Frühlingszwiebeln putzen, waschen und von einer den grünen Teil abschneiden. Ingwer schälen und etwa 3 cm davon in dünne Scheiben schneiden. Frühlingszwiebelgrün und geschnittenen Ingwer auf das Fleisch legen, mit Salz und Sake würzen und im Dämpftopf 20 Minuten dämpfen.

2 Fleisch nach dem Garen abkühlen lassen und in dünne Streifen schneiden. Restliche Frühlingszwiebeln und Ingwer in dünne Streifen schneiden. Auf einer Platte mit dem Fleisch anrichten. Dämpfsud mit Sesam- und Sonnenblumenöl, ¹/₂ Tl Salz, Zitronensaft, Pfeffer mischen und in einer Pfanne aufkochen. Vom Herd nehmen und über den Salat geben. Chilischote putzen, entkernen und in dünnen Streifen als Dekoration auf dem Salat anrichten.

Pikante Eiercreme

Für 4 Portionen

90 g Spinat

120 g Hühnerbrust

1 Tl Sake

1 1/2 El helle Sojasauce

4 rohe Shrimps, ohne Schale und Darm

4 Shiitakes

600 ml Dashi

1 Tl Mirin

1/2 Tl Salz

3 Eier

4 El frischer Ingwersaft

Zubereitungszeit: ca. 30 Minuten (plus Gar- und Dämpfzeit)
Pro Portion ca. 167 kcal/701 kJ
23 g E, 7 g F, 4 g KH

1 Spinat putzen, waschen und in einem Topf dünsten. Dann herausnehmen, abschrecken und abtropfen lassen. In dünne Streifen schneiden. Das Hühnerfleisch in dünne Streifen schneiden und mit Sake und 1 Tl Sojasauce beträufeln.

2 Die Shrimps in kochendem Wasser garen, bis sie die Farbe wechseln. Abgießen, abschrecken und abtropfen lassen, dann vierteln. Die Pilze putzen, waschen und die Stiele entfernen. Ebenfalls vierteln.

3 Die Brühe erhitzen und mit Sojasauce, Mirin und Salz würzen. Einmal aufkochen, dann vom Herd nehmen und auf Raumtemperatur abkühlen lassen. Die Eier verquirlen und in die Brühe geben. Die Mischung im Mixer gut durchrühren.

4 Die Zutaten auf vier feuerfeste Suppenschalen mit Deckel aufteilen. Dann die Brühe hinzufügen. Schalen mit einem Tuch abdecken, den Deckel aufsetzen. Im Dämpftopf 3 Minuten bei großer Hitze dämpfen. Wenn die Oberfläche weiß wird, auf mittlere Temperatur herunterschalten und weitere 15 Minuten dämpfen.

5 Wenn die Oberfläche der Creme feucht und glitschig erscheint, ist die Creme fertig. Abdecken und mit je 1 El Ingwersaft beträufeln. Kalt oder warm servieren.

Tofu Sandwiches

Für 4 Portionen

400 g Tofu

400 g rohe Shrimps, ohne Schale und Darm

1 Eigelb, Salz, 1 El Sake

3 1/4 El Mirin

1 Tl frisch geriebener Ingwer

2 Tl Maisstärke

800 ml Dashi, 4 El Zucker

3 El helle Sojasauce

100 g grüne Erbsen ohne Schale

120 g Spinat

Zubereitungszeit: ca. 30 Minuten (plus Dämpf- und Blanchierzeit)
Pro Portion ca. 458 kcal/1924 kJ
55 g E, 16 g F, 23 g KH

1 Den Tofu in etwa 1 cm dicke Scheiben schneiden. Shrimps, Eigelb, Salz, Sake, 1/4 El Mirin, Ingwersaft in einen Mixer geben und zu einer Paste pürieren.

2 Nun mit einer Scheibe Tofu beginnend abwechselnd Tofu und Paste übereinander schichten. Jede Tofuscheibe mit etwas Maisstärke bestreuen. Den Tofuturm in Klarsichtfolie wickeln und auf einen Teller legen. In den Dämpftopf stellen.

3 Dashi mit Zucker, Sojasauce und restlichem Mirin verrühren und in den Dämpftopf geben. Den Tofuturm etwa 15 Minuten dämpfen. Dann herausnehmen und abkühlen lassen. Die Brühe zum Blanchieren aufbewahren. Den Turm in etwa 5 cm breite Stücke schneiden und diese auf einer Platte anrichten.

4 Spinat und Erbsen waschen und in der Brühe kurz blanchieren. Die Sandwiches mit Erbsen dekorieren. Den Spinat als Beilage auf der Platte auslegen.

Mond auf gedämpftem Hühnchen

Für 4 Portionen

225 g Hühnchenbrust

Salz, 2 El Sake

4 Shiitakes

1 Bund Enokitakes

150 g grünes Gemüse, wie Frühlingszwiebeln, Spinat oder grüne Bohnen

4 Eier

100 ml Dashi

12 El Sojasauce

1 1/2 El Mirin

Zubereitungszeit: ca. 30 Minuten (plus Ruhe- unnd Dämpfzeit)
Pro Portion ca. 161 kcal/676 kJ
22 g E, 7 g F, 2 g KH

1 Das Hühnerfleisch schräg in sehr dünne Streifen schneiden. Mit etwas Salz bestreuen und mit Sake beträufeln. 10 Minuten durchziehen lassen.

2 Die Pilze putzen, waschen und die Stiele entfernen. Größere Pilze klein schneiden. Das Gemüse je nach Art putzen, waschen und klein schneiden. Die Bohnen kurz blanchieren.

3 Die Fleischstücke und Pilze auf den Boden von 4 feuerfesten Schalen geben und das Gemüse darauf legen. In die Mitte eine Mulde drücken und jeweils vorsichtig ein Ei hineinschlagen. 3 El Sojasauce in jede Schüssel geben.

4 Dashi mit Mirin verrühren und in die Schalen geben. Mit Alufolie oder einem Deckel abdecken und etwa 10 Minuten dämpfen. Heiß servieren.

Gefüllte Kohlrabi

Für 4 Portionen

1 getrockneter Shiitake

4 Kohlrabi, 600 ml Dashi

3 El Zucker, 3 1/2 El Sake

3 El Sojasauce

1 Tl Mirin, 1 Tl Salz

150 g gehacktes Hühnerfleisch

1 Frühlingszwiebel

4 cm frisch gehackter Ingwer

1 El Speisestärke

100 g gedämpfte Sojabohnen

Zubereitungszeit: ca. 30 Minuten (plus Koch- und Dämpfzeit)
Pro Portion ca. 155 kcal/651 kJ
18 g E, 2 g F, 17 g KH

1 Den Pilz einweichen. Die Kohlrabi schälen und das Innere vorsichtig herauslösen. Brühe mit Zucker, 3 El Sake, 2 El Sojasauce, Mirin und 1/2 Tl Salz in einem Topf erhitzen und die Kohlrabi darin etwa 15 Minuten garen. In der Brühe abkühlen lassen. Herausnehmen, die Brühe aufbewahren.

2 Das Hühnerfleisch mit restlichem Salz, Sake und der Sojasauce mischen. Pilz abtropfen lassen und fein hacken. Die Frühlingszwiebel putzen und den weißen Teil hacken.

3 Alle Zutaten mit dem Fleisch mischen. Die Kohlrabi mit Stärke ausstreuen und füllen. Bei mittlerer Temperatur etwa 20 Minuten dämpfen.

4 Die gefüllten Kohlrabi mit den Bohnen und der Brühe servieren.

Kartoffelnester mit Muscheln

Für 4 Portionen

2 große Kartoffeln (à etwa 200 g)

Salz, 1 El Butter, 1 Eiweiß, 6 El Maisstärke, 300 g Muschelfleisch

1 El Sake, je 5 El Mirin und helle Sojasauce

220 g Spinat, 640 ml Dashi

1 El frischer Ingwersaft

2 El geriebener Ingwer

Zubereitungszeit: ca. 30 Minuten (plus Koch- und Dämpfzeit)
Pro Portion ca. 237 kcal/995 kJ
17 g E, 5 g F, 29 g KH

1 Die Kartoffelnester wie rechts beschrieben zubereiten. Das Muschelfleisch in der Brühe in einer Pfanne erhitzen.

2 Nester füllen, wie angegeben dämpfen und servieren.

Kartoffelnester mit Garnelen

Für 4 Portionen

2 große Kartoffeln (à etwa 200 g)

Salz, 1 El Butter, 1 Eiweiß

6 El Maisstärke

300 g rohe Garnelen, ohne Schale und Darm

1 El Sake, je 5 El Mirin und helle Sojasauce

220 g Spinat, 640 ml Dashi

1 El frischer Ingwersaft

2 El frisch geriebener Ingwer

Zubereitungszeit: ca. 30 Minuten (plus Koch- und Dämpfzeit)
Pro Portion ca. 258 kcal/1084 kJ
25 g E, 5 g F, 27 g KH

1 Die Kartoffelnester und die Füllung wie rechts beschrieben zubereiten. Statt der Shrimps rohe Garnelen in der Pfanne kochen.

2 Kartoffelnester wie angegeben füllen, dämpfen und servieren.

Kartoffelnester mit Lachs

Für 4 Portionen

2 große Kartoffeln (à etwa 200 g)

Salz, 1 El Butter, 1 Eiweiß, 6 El Maisstärke

300 g Lachsfilet, 1 El Sake

je 5 El Mirin und helle Sojasauce

220 g Spinat, 640 ml Dashi

1 El frischer Ingwersaft

2 El frisch geriebener Ingwer

Zubereitungszeit: ca. 30 Minuten (plus Koch- und Dämpfzeit)
Pro Portion ca. 278 kcal/1168 kJ
23 g E, 9 g F, 26 g KH

1 Die Kartoffelnester wie rechts beschrieben zubereiten. Lachsfilet klein schneiden und in der Brühe in einer Pfanne etwa 3 Minuten dünsten.

2 Kartoffelnester wie beschrieben füllen, dämpfen und servieren.

Gefüllte Kartoffelnester

1 Die Kartoffeln schälen und grob zerkleinern. In kochendem Salzwasser etwa 20 Minuten nicht zu weich garen. Aus dem Topf nehmen, abtropfen lassen und in eine Pfanne ohne Fett geben und unter Schütteln die Flüssigkeit verdampfen lassen. Wenn die Kartoffeln fast schon beginnen, zu zerfallen, vom Herd nehmen, mit Salz und Butter sowie 2/3 verquirltem Eiweiß zu einem festen Teig verarbeiten. 1 1/2 El Maisstärke darunter rühren.

2 Die Shrimps in kleine Stücke schneiden. Sake, 1 El Mirin und 1 El helle Sojasauce verrühren. Die Mischung in eine Pfanne geben und aufkochen, die Shrimps hinzufügen und unter Rühren kochen, bis die Shrimps sich verfärben. Den Kartoffelteig in 4 Teile teilen, und in die Mitte eine Mulde drücken, etwas Shrimpsmasse darauf geben und ein Nest formen.

3 Spinat putzen, waschen und in einem Topf fast weich dämpfen. Abtropfen lassen und in kaltem Wasser 10 Minuten einweichen. 240 ml Dashi mit 2 El Sojasauce und 2 El Mirin mischen und aufkochen. Abkühlen lassen. Den Spinat ausdrücken und in der Brühe einweichen.

4 Die Kartoffelnester mit dem restlichen Eiweiß bestreichen und mit der 1 1/2 El Maisstärke bestreuen. In feuerfeste Schüsseln geben und in den Dämpftopf stellen. Etwa 15 Minuten dämpfen. Restliche Dashi mit restlichen Zutaten verrühren. Maisstärke in Wasser rühren und untermischen: Brühe aufkochen und mit Spinat zu den Kartoffelnestern servieren.

Für 4 Portionen

2 große Kartoffeln (à etwa 200 g)

Salz

1 El Butter

1 Eiweiß

6 El Maisstärke

300 g rohe Shrimps, ohne Schale und Darm

1 El Sake

5 El Mirin

5 El helle Sojasauce

220 g Spinat

640 ml Dashi

1 El frischer Ingwersaft

2 El frisch geriebener Ingwer

Zubereitungszeit: ca. 30 Minuten (plus Koch- und Dämpfzeit)
Pro Portion ca. 263 kcal/1105 kJ
25 g E, 6 g F, 26 g KH

Garnelen-Shumai

Für 4 Portionen

400 g gekochtes Garenelenfleisch

2 rote Chilischoten

1 Tl Sojasauce

1 Tl Sesamöl

1 1/2 El Sake

2 El Maisstärke

ca. 20 gekochte Garnelen

ca. 6 Weizenmehlblätter (Gyoza)

3–4 Wirsingblätter

Zubereitungszeit: ca. 30 Minuten (plus Dämpfzeit)
Pro Portion ca. 230 kcal/966 kJ
28 g E, 4 g F, 20 g KH

1 Das Garnelenfleisch klein schneiden und im Mixer pürieren. Chilischoten putzen, entkernen und 3/4 davon hacken. Rest in dünne Ringe schneiden. Gehackte Chili zu den Garnelen geben, Sojasauce, Öl, Sake und Maisstärke hinzufügen und alles zu einer homogenen Masse verrühren.

2 Aus der Garnelenmasse kleine Bällchen formen und jedes Bällchen mit einer ganzen gekochten Garnele sowie Chiliringen versehen.

3 Die Kohlblätter putzen und in kochendem Wasser 3 Minuten blanchieren. Den Dämpftopf damit auslegen. Jedes Garnelenbällchen mit Gyoza umwickeln und im Dämpftopf auf den Kohlblättern etwa 15 Minuten dämpfen.

4 Garnelenbällchen mit Sojasauce und Reisessig servieren.

Surimi-Shumai

Für 4 Portionen

400 g Kabeljaufilet

10 Shisoblätter

1 Tl Sojasauce

1 Tl Sesamöl

1 1/2 El Sake

2 El Maisstärke

je 1/2 grüne und rote Paprikaschote

ca. 6 Weizenmehlblätter (Gyoza)

Zubereitungszeit: ca. 20 Minuten (plus Dämpfzeit)
Pro Portion ca. 106 kcal/445 kJ
18 g E, 2 g F, 3 g KH

1 Den Fisch in Würfel schneiden und in der Küchenmaschine pürieren. Die Shisoblätter fein hacken und dazugeben. Püree mit Sojasauce, Sesamöl, Sake und Stärke mischen und alles zu einer glatten Creme verrühren. Die Paprikaschoten in sehr dünne, etwa 2 cm lange Streifen schneiden.

2 Aus dem Fischteig kleine runde Bällchen formen und über Kreuz mit grünen und roten Paprikastreifen belegen. Dann mit Gyoza umwickeln. Auf einem Teller im Dämpftopf etwa 15 Minuten dämpfen. Shumai mit Sojasauce und Reisessig servieren.

Kochen, Schmoren, Dünsten

Die Küche im japanischen Haus ist nicht sehr geräumig. Meist steht nur ein Gaskocher mit zwei Flammen zum Kochen zur Verfügung.

Nabe heißt der Schmor- oder Kochtopf, in dem leckere Eintöpfe oder geschmortes Fleisch, Gemüse oder gedünsteter Fisch zubereitet werden. Gerne kocht oder brät man auch direkt auf dem Tisch, wo jeder seine Speisen selbst zubereitet oder vom Hausherrn bedient wird.

Gerollte Omeletts mit Spinat

Für 4 Portionen

5 Eier

2 1/2 El Zucker

1/2 El Mirin

1 Tl Shoyu

1 Prise Salz

200 g frischer Spinat

Pflanzenöl zum Braten

Zubereitungszeit: ca. 20 Minuten (plus Bratzeit)
Pro Portion ca. 202 kcal/846 kJ
11 g E, 16 g F, 4 g KH

1 Die Eimasse zubereiten wie rechts beschrieben. Den Spinat verlesen, putzen, waschen und fein hacken. Unter die Eimasse rühren.

2 Die Omeletts wie beschrieben zubereiten.

Gerollte Omeletts mit Sarimi

Für 4 Portionen

5 Eier

2 1/2 El Zucker

1/2 El Mirin

1 Tl Shoyu

1 Prise Salz

150 g Sarimi

Pflanzenöl zum Braten

Zubereitungszeit: ca. 25 Minuten (plus Bratzeit)
Pro Portion ca. 177 kcal/743 kJ
17 g E, 11 g F, 2 g KH

1 Die Eimasse zubereiten wie beschrieben. Sarimi in kleine Würfel schneiden und unter die Eimasse rühren.

2 Die Omeletts wie beschrieben zubereiten.

Gerollte Omeletts mit Shiitake

Für 4 Portionen

2 Shiitakes

5 Eier

2 1/2 El Zucker

1/2 El Mirin

1 Tl Shoyu

1 Prise Salz

Pflanzenöl zum Braten

Zubereitungszeit: ca. 25 Minuten (plus Brat- und Kochzeit)
Pro Portion ca. 207 kcal/869 kJ
11 g E, 14 g F, 14 g KH

1 Die Shiitakes in 250 ml kochendem Wasser etwa 10 Minuten kochen. Noch heiß die Stiele entfernen. Die Hüte klein schneiden und abkühlen lassen.

2 Die Eimasse zubereiten wie beschrieben. Shiitakes unter die Eimasse rühren. Die Omeletts wie beschrieben zubereiten.

Gerollte Omeletts

Für 4 Portionen

5 Eier

2 1/2 El Zucker

1/2 El Mirin

1 Tl Shoyu

1 Prise Salz

Pflanzenöl zum Braten

Zubereitungszeit: ca. 30 Minuten (plus Bratzeit)
Pro Portion ca. 192 kcal/806 kJ
10 g E, 16 g F, 3 g KH

1 Die Eier vorsichtig in einer Schüssel verrühren, nicht schlagen. Mit einem Kochlöffelstiel das Eiweiß drei- bis viermal durchrühren. Die Gewürze untermischen.

2 Eine möglichst eckige Pfanne erhitzen und die Oberfläche mit einem in Öl getränkten Papier auswischen. Die Temperatur herunterschalten und ein Drittel der Eimasse in die Pfanne geben.

3 Wenn die Eimasse halb gestockt ist, mit einem Kochlöffel sicherstellen, dass nichts an den Ecken der Pfanne haftet. Dann das Omelett von hinten zusammenfalten. Die Pfanne dann dort einölen, wo keine Omelett mehr ist.

4 Das Omelett von vorne her zusammenfalten und nun diesen Teil der Pfanne einölen. Die Hälfte der restlichen Eimasse in die Pfanne geben. Die bereits fertige Eirolle in die Mitte der neuen Eimasse bringen und nach vorne hin zusammenfalten.

5 Mit der restlichen Eimasse ebenso verfahren. Die entstandene Eirolle sofort fest in eine Bambusmatte rollen und sie mit den Fingern in drei Teile teilen. 10 Minuten ruhren lassen. Vor dem Servieren zerschneiden.

Für 4 Portionen

30 g getrocknetes Hijiki (Seetang)

1 Blatt Aburage

1 El Pflanzenöl

3 El Sojasauce

3 El Zucker

2 El Mirin

Zubereitungszeit: ca. 20 Minuten (plus Koch- und Schmorzeit)
Pro Portion ca. 258 kcal/1084 kJ
13 g E, 7 g F, 35 g KH

Geschmorter Seetang

1 Hijiki putzen, waschen und etwa 10 Minuten einweichen.

2 Aburageblatt in kochendes Wasser geben und einige Sekunden kochen. Dann herausnehmen und abtropfen lassen. In dünne Streifen schneiden.

3 Etwas Öl in einem Topf erhitzen und den gut abgetropften Hijiki darin etwa 3 Minuten bei mittlerer Temperatur schmoren.

4 Die Aburagestreifen und die übrigen Zutaten sowie 200 ml Wasser hinzufügen und alles etwa 10 Minuten weiter schmoren, bis die Flüssigkeit weitgehend verkocht ist. Als Beilage servieren.

Für 4 Portionen

2 Aburageblätter

200 g Komatsu-na (japanischer Spinat)

Salz

300 ml Dashi

1 El Sake

1 El Mirin

2 El helle Sojasauce

Zubereitungszeit: ca. 20 Minuten (plus Kochzeit)
Pro Portion ca. 131 kcal/550 kJ
14 g E, 3 g F, 9 g KH

Geschmortes Gemüse

1 Die Aburageblätter in einem Sieb mit kochendem Wasser übergießen und das Öl entfernen. Längs halbieren und in dünne Streifen schneiden. Komatsu-na putzen, waschen, die harten Strünke etwas einschneiden

2 In einem Topf Salzwasser zum Kochen bringen und ein Drittel des Spinats darin kurz blanchieren, dann sofort in kaltem Wasser abschrecken. Gut abtropfen lassen, ausdrücken und das Gemüse in 2–3 cm lange Streifen schneiden.

3 Die restlichen Zutaten in einem Topf miteinander verrühren und aufkochen. Aburage zugeben und 2 Minuten köcheln. Den Spinat in die Brühe geben und alles einmal durchkochen.

Hühnchen mit Kartoffeln

1 Die Hühnerflügel bzw. -schenkel auf dem heißen Grill goldbraun werden lassen. Anschließend in einen Topf geben. 800 ml Wasser hinzufügen und zum Kochen bringen. Entstehenden Schaum abschöpfen. Die Hühnerteile etwa 30 Minuten köcheln.

2 Kartoffeln schälen und in größere Stücke schneiden. Zum Fleisch in den Topf geben, mit Zucker und Sojasauce würzen und abgedeckt weitere 20 Minuten garen, bis die Kartoffeln gar sind und die Flüssigkeit auf ein Drittel eingekocht ist.

3 Den Eintopf auf 4 Schalen verteilen und servieren.

Für 4 Portionen

4–6 Hühnerflügel oder 2 -schenkel

700 g Kartoffeln

2 El Zucker

3 El Sojasauce

Zubereitungszeit: ca. 20 Minuten (plus Grill- und Kochzeit)
Pro Portion ca. 465 kcal/1953 kJ
29 g E, 25 g F, 31 g KH

Geschmortes Schweinefleisch nach Nagasaki-Art

1 Den Schweinebauch in 4 cm große Würfel schneiden. Das Öl in einer Pfanne erhitzen und die Fleischwürfel darin kurz anbraten. Aus der Pfanne in ein Sieb geben, mit klarem Wasser übergießen, um das Öl zu entfernen.

2 Die Fleischwürfel mit Okara in eine Topf geben und mit reichlich Wasser bedecken. Ingwer schälen und reiben und in dünne Scheiben schneiden. Die Hälfte in den Topf geben. Abgedeckt zum Kochen bringen und bei reduzierter Temperatur etwa 30 bis 40 Minuten köcheln.

3 Den Topf vom Herd nehmen und für etwa 20 Minuten in kaltes Wasser zum Abkühlen stellen. Okara entfernen.

4 Die Perlzwiebeln schälen, in kochendem Wasser garen, abgießen und abschrecken. Die Erbsen in kochendem Salzwasser garen. Aus dem Topf nehmen und sofort abschrecken, dass sie nicht zusammenfallen.

5 Die Fleischstücke aus dem Topf nehmen und abtupfen. Mit Brühe, Sake, restlichem Ingwer in einen Topf geben und zum Kochen bringen. Bei mittlerer Temperatur etwa 10 Minuten köcheln. Zucker zufügen, weitere 5 Minuten köcheln, Sojasauce zugeben, weitere 5 Minuten köcheln, dann Tamari, Perlzwiebeln und Erbsen zugeben und für weitere 2 Minuten köcheln. Auf Teller verteilen und mit Senf servieren.

Für 4 Portionen

1 kg Schweinebauch ohne Knochen

2 El Pflanzenöl

250 g Okara

100 g frischer Ingwer

8 Perlzwiebeln

130 g gepulte Erbsen

600 ml Bonito-Brühe

180 ml Sake

4 1/2 El Zucker

4 El dunkle Sojasauce

2 Tl Tamari-Sauce

scharfer Senf

Zubereitungszeit: ca. 40 Minuten (plus Koch- und Garzeit)
Pro Portion ca. 573 kcal/2407 kJ
60 g E, 26 g F, 20 g KH

Für 4 Portionen

4 Fischfilets (à 100 g)

100 g Komatsu-na

200 ml Dashi

2 El Sake

3 1/2 El Zucker

3 1/2 El Mirin

4 El Shoyu

Zubereitungszeit: ca. 15 Minuten (plus Koch- und Dämpfzeit)
Pro Portion ca. 140 kcal/588 kJ
23 g E, 2 g F, 7 g KH

Gedünsteter Fisch

1 Das Komatsu-na in kochendem Wasser blanchieren, bis es tiefgrün ist. Abgießen und in kaltem Wasser abschrecken. Abtropfen lassen und gut ausdrücken. Dann in 5 cm lange Stücke schneiden.

2 Dashi in einem großen Topf erwärmen. Nach und nach Sake, Zucker, Mirin und Shoyu zugeben und die Mischung zum Kochen bringen. Wenn die Brühe kocht, die Fischfilets mit der Haut nach oben hineingeben, sodass sie sich nicht berühren. Die Filets mit Brühe begießen.

3 Entstehenden Schaum abschöpfen, die Filets mit Alufolie abdecken und bei mittlerer Temperatur etwa 10 Minuten dünsten. Auf einer vorgewärmten Platte mit Komatsu-na und der Brühe anrichten.

Geschmortes Rindfleisch mit Kartoffeln

1 Das Rindfleisch in dünne Streifen von 6 cm schneiden, das Fett nicht entfernen. Die Kartoffeln waschen, schälen und in Viertel schneiden. Bis zur Verwendung in kaltem Wasser lagern. Die Zwiebeln schälen, halbieren und in dünne Ringe schneiden.

2 Das Öl in einem Schmortopf erhitzen. Den Topf vom Herd nehmen und etwas abkühlen lassen. Dann die Rindfleischstücke darin verteilen. Den Topf wieder auf den Herd setzen und das Rindfleisch anbraten. Anschließend Zwiebeln und abgetrocknete Kartoffeln hinzufügen.

3 Die restlichen Zutaten außer die Erbsen untermischen. Wenn das Öl aufgesogen ist, so viel Dashi über die Mischung geben, dass alles gut bedeckt ist. Alles aufkochen lassen und entstehenden Schaum abschöpfen.

4 Die Temperatur verringern und die Mischung mit einem Schmordeckel oder Alufolie abdecken. Etwa 20 Minuten schmoren. Wenn die Brühe verkocht, den Topf einige Male schütteln, um Fleisch und Gemüse damit zu bedecken. Den Schmortopf mit gekochten Erbsen garniert servieren.

Für 4 Portionen

300 g Rindfleisch (mit Fett)

800 g Kartoffeln

300 g Zwiebeln

$^1/_2$ Tl Pflanzenöl

Dashi nach Bedarf

3 El Sake

6 El Zucker

2 El Mirin

5 El Shoyu

2 El gekochte grüne Erbsen

Zubereitungszeit: ca. 25 Minuten (plus Brat- und Schmorzeit)
Pro Portion ca. 330 kcal/1386 kJ
20 g E, 8 g F, 41 g KH

Für 4 Portionen

140 g Zuckerschoten

1 große Möhre (ca. 60 g)

80 g Lotuswurzel

70 g Burdockwurzel

130 g Konnyaku

400 ml Dashi

2 El Sake, 1 El Mirin

2 El Zucker, 2 El Sojasauce

2 El frischer Beifuß

Zubereitungszeit: ca. 30 Minuten (plus Kochzeit)
Pro Portion ca. 198 kcal/832 kJ
34 g E, 1 g F, 11 g KH

Geschmorte Zuckerschoten

1 Die Zuckerschoten putzen und in kochendem Salzwasser kurz blanchieren.

2 Brühe vorbereiten und das Gemüse darin kochen. Mit Beifuß garniert servieren.

Für 4 Portionen

140 g Stangenbohnen

1 große Möhre (ca. 60 g)

80 g Lotuswurzel

70 g Burdockwurzel

130 g Konnyaku

400 ml Dashi

2 El Sake, 1 El Mirin

2 El Zucker

2 El Sojasauce

2 El frischer Beifuß

Zubereitungszeit: ca. 30 Minuten (plus Kochzeit)
Pro Portion ca. 197 kcal/827 kJ
34 g E, 1 g F, 11 g KH

Geschmorte Stangenbohnen

1 Stangenbohnen putzen, in Stücke schneiden und in kochendem Wasser 2 Minuten blanchieren. Herausnehmen und abtropfen lassen

2 Brühe wie rechts angegeben zubereiten und das Gemüse darin garen. Mit Beifuß garniert servieren.

Für 4 Portionen

140 g Prinzessbohnen

1 große Möhre (ca. 60 g)

80 g Lotuswurzel

70 g Burdockwurzel

130 g Konnyaku

400 ml Dashi

2 El Sake, 1 El Mirin

2 El Zucker

2 El Sojasauce

2 El frischer Beifuß

Zubereitungszeit: ca. 30 Minuten (plus Kochzeit)
Pro Portion ca. 197 kcal/827 kJ
34 g E, 1 g F, 11 g KH

Geschmorte grüne Bohnen

1 Die Bohnen putzen und in kochendem Wasser 3 Minuten blanchieren. Herausnehmen und abtropfen lassen.

2 Brühe wie rechts angegeben zubereiten und das Gemüse darin garen. Mit Beifuß garniert servieren.

Geschmorte Sojabohnen mit Gemüse

1 Die Möhre schälen und in kleine Würfel schneiden. Die Lotuswurzel in mundgerechte Stücke schneiden. Die Burdockwurzel schälen und in dünne Scheiben schneiden. Konnyaku kurz blanchieren und in Würfel schneiden.

2 Brühe mit den Gewürzen und Zucker in einen Topf geben. Sojabohnen, Lotus, Burdock und Konnyaku hinzufügen und erhitzen.

3 Die Mischung etwa 5 Minuten köcheln, dann die Möhrenwürfel unterrühren. Mit einem Schmordeckel abdecken und köcheln, bis die Flüssigkeit verkocht ist.

Für 4 Portionen

140 g gekochte Sojabohnen

1 große Möhre (ca. 60 g)

80 g Lotuswurzel

70 g Burdockwurzel

130 g Konnyaku

400 ml Dashi

2 El Sake, 1 El Mirin

2 El Zucker, 2 El Sojasauce

Zubereitungszeit: ca. 30 Minuten (plus Kochzeit)
Pro Portion ca. 144 kcal/605 kJ
10 g E, 4 g F, 17 g KH

Rindfleisch in Sesamsauce

Für 4 Portionen

600 g Rindfleisch

4 Chinakohlblätter

2 Lauchstangen

8 frische Shiitakes

200 g Brunnenkresse

100 g Harusame

100 g Reisnudeln

4 El Sesampaste

3 El Zucker, 2 El Miso

2 El Shoyu, 2 El Sake

6 El Reisessig, 1 El Sesamöl

1 Spritzer Shichimi-togarashi, 120 ml Essig

120 ml helle Sojasauce

120 ml Dashi

Zubereitungszeit: ca. 30 Minuten
Pro Portion ca. 510 kcal/2142 kJ
47 g E, 21 g F, 32 g KH

1 Das Fleisch in dünne Scheiben schneiden. Die Kohlblätter und Strünke separat in kleine Stücke schneiden. Die Lauchstangen putzen, halbieren und in dünen Streifen schneiden. Die Pilze feucht abreiben, die Stiele entfernen: Die Kresse in 5 cm lange Stücke schneiden.

2 Harusame in kochendem Wasser einweichen. Wenn er sich transparent verfärbt, herausnehmen, abtropfen lassen und in kaltem Wasser abschrecken. Nach dem Abtropfen in 10 cm lange Stücke schneiden. Aus Sesampaste, Zucker, Miso, Shoyu, Essig und Öl eine Sauce mischen. Aus den restlichen Zutaten eine weitere Sauce herstellen. Beide Saucen in Schüsseln füllen.

3 Gemüse und Fleisch auf einer Platte anrichten und die Saucen dazustellen. In einem Topf Wasser zum Kochen bringen und auf ein Stövchen auf den Tisch stellen. Jeder Gast bereitet sich seine Mahlzeit selbst zu, indem er Fleisch, Harusame, Nudeln und Gemüse ins kochende Wasser gibt. Vor dem Essen in eine der Saucen dippen.

Fisch in Sesamsauce

Für 4 Portionen

600 g Lachsfilet

1 Baby Pak Soi

200 g Zuckerschoten

200 g gekochte Garnelen

100 g Buchweizennudeln

4 El Sesampaste

3 El Zucker

2 El Miso, 2 El Shoyu

2 El Sake, 6 El Reisessig

1 El Sesamöl, 1 Spritzer Shichimi-togarashi

120 ml Essig

120 ml helle Sojasauce

120 ml Dashi

Zubereitungszeit: ca. 30 Minuten
Pro Portion ca. 578 kcal/2428 kJ
57 g E, 21 g F, 37 g KH

1 Das Fischfilet in dünne Scheiben schneiden. Die Paksoiblätter in Streifen schneiden. Die Zuckerschoten putzen. Aus Sesampaste, Zucker, Miso, Shoyu, Essig und Öl eine Sauce mischen. Aus den restlichen Zutaten eine weitere Sauce herstellen. Beide Saucen in Schüsseln füllen.

2 Zutaten anrichten und die Saucen dazustellen. In einem Topf Wasser zum Kochen bringen. Jeder Gast bereitet sich seine Mahlzeit am Tisch selbst zu.

In Miso gedünstete Makrele

Für 4 Portionen

4 Makrelenfilets

2 cm frischer Ingwer

100 ml Sake

2 El Mirin

3 El Zucker

4 El Miso

Zubereitungszeit: ca. 40 Minuten
Pro Portion ca. 378 kcal/1588 kJ
30 g E, 18 g F, 5 g KH

1 Die Fischfilets in einem Sieb mit kochendem Wasser übergießen, um das Fleisch zu festigen. Ingwer schälen und fein reiben. Anschließend die Filets in einem Topf mit 200 ml Wasser und dem Sake geben und bei hoher Temperatur etwa 2 Minuten garen. Den Ingwer zufügen.

2 Den Topf mit einem Tuch unter dem Deckel abdecken und die Fischfilets weitere 5 Minuten dünsten. Dann Mirin, Zucker und Miso zugeben, die vorher miteinander verrührt worden sind.

3 Die Temperatur herunterschalten und alles weitere 7 Minuten dünsten, bis die Flüssigkeit fast eingekocht ist. Die Filets auf 4 Teller verteilen und servieren.

Gedünstetes Gemüse

Für 4 Portionen

4 getrocknete Shiitakes

180 g Hühnerfleisch ohne Knochen

2 El Pflanzenöl, 4 El Zucker

2 1/2 El Sojasauce

1 mittelgroße Lotuswurzel

1 Karotte, 8 Zuckerschoten

1 mittelgroße Burdockwurzel

1 Konnyaku

je 2 El Mirin und Sake

400 ml Dashi

Zubereitungszeit: ca. 40 Minuten
(plus Schmor- und Garzeit)
Pro Portion ca. 298 kcal/1252 kJ
20 g E, 7 g F, 38 g KH

1 Die Shiitakes 30 Minuten in kaltem Wasser einweichen. Das Hühnerfleisch in 3 cm große Würfel schneiden. 2 Tl Öl in einer Pfanne erhitzen und das Fleisch darin anschmoren. Je 1 El Sojasauce und Zucker hinzufügen und weitere 2 Minuten schmoren. Dann warm stellen.

2 Die Lotuswurzel in 3 cm lange Stücke schneiden und 5 Minuten in kaltem Wasser einweichen. Karotte schälen und in dünne Scheiben schneiden. Aus restlichen Zutaten eine Brühe bereiten und Konnyaku 3 Minuten darin köcheln, dann ebenfalls in kleine Stücke schneiden.

3 Burdock gut abbürsten und längs in 3 cm lange Scheiben schneiden. In der Brühe etwa 3 Minuten köcheln. Die Zuckerschoten ebenfalls darin garen. Pilze aus dem Wasser nehmen und halbieren.

4 Das restliche Öl in einer Pfanne erhitzen und Konnyaku, Lotuswurzel, Burdock und Shiitakes etwa 2 Minuten darin schmoren. Übriges Gemüse hinzufügen, kurz mitdünsten. Zum Hühnerfleisch servieren.

Für 4 Portionen
8 küchenfertige Sardinen
3 cm Ingwer
3 El Sojasauce
6 El Sake
3 El Zucker
1 1/2 El Mirin
1 El Reisessig
Zitronenspalten

Zubereitungszeit: ca. 15 Minuten (plus Kochzeit)
Pro Portion ca. 107 kcal/449 kJ
10 g E, 2 g F, 8 g KH

Sardinen in Ingwersauce

1 Die Sardinen in zwei Teile schneiden. Den Ingwer schälen und in dünne Scheiben schneiden.

2 Sardinenstücke mit Ingwer und den übrigen Zutaten außer Essig mit 250 ml Wasser in einen Topf geben und bei mittlerer Temperatur kochen. Die Sardinen sollten mit der Sauce bedeckt sein.

3 Wenn die Sauce zu kochen beginnt, den Essig hinzufügen und alles noch etwa 2 Minuten kochen. Die Sardinen mit der Ingwersauce und den Zitronenspalten servieren.

Rindfleisch mit Burdock

1 Die Burdockwurzel schälen und diagonal in etwa 1,5 cm dicke Scheiben schneiden. Diese in Wasser einweichen. Das Fleisch in dünne Scheiben schneiden und diese in etwa 4 cm große Stücke. Ingwer schälen und dünn reiben. Möhren schälen und würfeln. Bohnen putzen, klein schneiden.

2 In einem Topf das Öl erhitzen und Burdock sowie die Fleischstücke mit Ingwer darin anschmoren. Gemüse zugeben. Wenn das Fleisch Farbe bekommt, so viel Wasser zugeben, dass alle Zutaten damit bedeckt sind. Zucker, Mirin, Sake und Sojasauce zugeben und kochen, bis die Burdockwurzel weich ist und fast die ganze Flüssigkeit verkocht ist.

3 Das Fleisch in einer Servierschüssel anrichten und mit Gemüse servieren. Mit Brunnenkresse garnieren.

Für 4 Portionen

1 Burdockwurzel (ca. 200 g)

100 g Rindfleisch

2 cm frischer Ingwer

2 Möhren, 200 g grüne Bohnen

1 El Pflanzenöl

2 El Zucker, 1 El Mirin

1 1/2 El Sake, 2 El Sojasauce

Brunnenkresse zum Garnieren

Zubereitungszeit: ca. 20 Minuten (plus Garzeit)
Pro Portion ca. 106 kcal/445 kJ
8 g E, 5 g F, 7 g KH

Für 4 bis 6 Portionen

3 Bambussprossen

2 Stücke Konnyaku aus der Dose

1 l Dashi

1 Tl Salz

2 El Zucker

1 El Sojasauce

3 El Sake

Glutamat

je 200 g roter und weißer Fischkuchen

200 g Udon-Nudeln

150 g Tofu

100 ml Öl

Zubereitungszeit: ca. 30 Minuten (plus Kochzeit)
Pro Portion ca. 378 kcal/1588 kJ
31 g E, 14 g F, 30 g KH

Eintopf mit Fisch, Tofu und Gemüse

1 Bambussprossen quer halbieren. In kochendem Wasser blanchieren, abgießen und kalt abschrecken. Konnyaku in kochendem Wasser etwa 1 Minute köcheln. Dashi, Salz, Zucker, Sojasauce, Sake und eine Prise Glutamat in einem Topf zum Kochen bringen. Bambussprossen und Konnyaku bei geringer Temperatur etwa 1 Stunde darin garen, dabei sollte alles mit Brühe bedeckt sein.

2 Den Fischkuchen längs halbieren und in 2 ½ cm dicke Scheiben schneiden. In die Brühe geben und alles weitere 15 Minuten köcheln. Nudeln in kochendes Wasser geben und bei geringer Temperatur etwa 17 Minuten garen. Abgießen, abtropfen lassen. Tofu in 6 gleich große Stücke schneiden und im heißen Öl etwa 4 Minuten knusprig braten. Auf Küchenpapier abtropfen lassen. In Ess-Schalen zuerst die Nudeln geben. Übrige Zutaten mit der Brühe darüber verteilen. Zuletzt die Tofustücke darauflegen.

Für 4 bis 6 Portionen

2 Stücke Konnyaku aus der Dose

1 l Dashi

1 Tl Salz, 2 El Zucker

1 El Sojasauce

3 El Sake

Glutamat

6 Kartoffeln

je 200 g roter und weißer Fischkuchen

200 g Udon-Nudeln

250 g Spinat, 6 Eier

2 El Brunnenkresse

Zubereitungszeit: ca. 30 Minuten (plus Garzeit)
Pro Portion ca. 428 kcal/1798 kJ
36 g E, 11 g F, 45 g KH

Eintopf mit Fisch, Spinat und Rührei

1 Konnyaku in 500 ml kochendem Wasser etwa 1 Minute köcheln. Dashi, Salz, Zucker, Sojasauce, Sake und eine Prise Glutamat in einem Topf zum Kochen bringen. Konnyaku hineingeben und bei geringer Temperatur etwa 1 Stunde garen.

2 Die Kartoffeln schälen und würfeln. Den Fischkuchen in Scheiben schneiden. Beides in die Brühe geben und alles weitere 15 Minuten köcheln. Die Nudeln wie oben beschrieben garen. Spinat blanchieren, abgießen, abschrecken und grob hacken. Aus den Eiern Rührei braten. In Ess-Schalen zuerst die Nudeln geben. Die übrigen Zutaten mit der Brühe darüber verteilen. Zuletzt Rührei und Spinat darauflegen. Mit Brunnenkresse bestreut servieren.

Meeresfrüchte mit Kohl und Brühe

Für 4 bis 6 Portionen

12 große Hummerkrabben

1/4 Weiß- oder Chinakohl

12 gekochte Miesmuscheln

150 g Porree

90 g Glasnudeln

750 ml Hühnerbrühe

1 Stück Kombu (Blatt-Tang), etwa 10 x 10 cm

Zubereitungszeit: ca. 30 Minuten (plus Kochzeit)
Pro Portion ca. 193 kcal/811 kJ
30 g E, 3 g F, 11 g KH

1 Die Meeresfrüchte und das Fischfilet wie rechts beschrieben vorbereiten. Den Kohl in Streifen schneiden und blanchieren. Porree putzen, waschen und in Ringe schneiden.

2 Die Zutaten wie rechts beschrieben anrichten und die kochende Hühnerbrühe bereitstellen. Dazu einen Dip nach Wahl reichen.

Meeresfrüchte mit Bambussprossen und Brühe

Für 4 bis 6 Portionen

12 große Hummerkrabben

200 g Bambussprossen (Dose)

12 gekochte Miesmuscheln

12 rohe Garnelen

2 Möhren

90 g Glasnudeln

750 ml Hühnerbrühe

Zubereitungszeit: ca. 30 Minuten (plus Kochzeit)
Pro Portion ca. 245 kcal/1029 kJ
40 g E, 4 g F, 12 g KH

1 Die Meeresfrüchte wie rechts beschrieben vorbereiten. Die Bambussprossen in Scheiben schneiden, halbieren und blanchieren. Möhren putzen, schälen und in Streifen schneiden.

2 Die Zutaten wie rechts beschrieben anrichten und die kochende Hühnerbrühe bereitstellen. Dazu einen Dip nach Wahl reichen.

Meeresfrüchte mit Shiitake und Brühe

Für 4 bis 6 Portionen

1 Languste (ca. 750 g) oder 12 große Hummerkrabben

4 getrocknete Shiitakes

250 g Weißfischfilet

12 gekochte Miesmuscheln

150 g Porree

90 g Glasnudeln

750 ml Hühnerbrühe

Zubereitungszeit: ca. 30 Minuten (plus Kochzeit)
Pro Portion ca. 290 kcal/1218 kJ
45 g E, 4 g F, 20 g KH

1 Die Meeresfrüchte und das Fischfilet wie rechts beschrieben vorbereiten. Die Pilze in lauwarmem Wasser einweichen, dann abgießen und in Stücke schneiden. Porree putzen, waschen und in Ringe schneiden.

2 Die Zutaten wie rechts beschrieben anrichten und die kochende Hühnerbrühe bereitstellen. Dazu einen Dip nach Wahl reichen.

Meeresfrüchte mit Gemüse und Brühe

1 Die Languste in Portionsstücke schneiden, Scheren, Panzer und Innereien entfernen und das Fleisch herauslösen. Die Krabben vom Panzer und Darm befreien. Die Möhren putzen, waschen und in Stücke schneiden. Das Fischfilet in etwa 2,5 cm große Würfel schneiden. Die Muscheln aus der Schale lösen. Die Schalotten schälen und in Stücke schneiden.

2 In einem Topf 250 ml Wasser zum Kochen bringen und die Möhren darin einmal aufkochen. Abgießen und abschrecken. Die Glasnudeln in kaltem Wasser etwa 30 Minuten einweichen. Abgießen und in 10 cm lange Stücke schneiden.

3 Die Fischstücke in 250 ml kochendem Wasser etwa 15 Sekunden kochen, dann abgießen und abschrecken. Das Fischfleisch darf nicht zerfallen.

4 Muscheln, Langusten- oder Hummerstücke mit den Möhren, Schalotten, Nudeln und Fisch auf einer Platte anrichten.

5 In einem Topf auf dem Tisch die Hühnerbrühe zum Kochen bringen und während der Mahlzeit kochen lassen. Das gewaschene Kombu-Stück hineingeben. Jeder Gast bereitet sich die Zutaten selbst mit Hilfe einer kleinen Schaumkelle zu. Dazu einen Dip nach Wahl reichen.

Für 4 bis 6 Portionen

12 große Hummerkrabben

2 Möhren

12 gekochte Miesmuscheln

200 g Weißfischfilet

8 Schalotten mit Grün

90 g Glasnudeln

750 ml Hühnerbrühe

1 Stück Kombu (Blatt-Tang), etwa 10 x 10 cm

Zubereitungszeit: ca. 30 Minuten (plus Kochzeit)
Pro Portion ca. 223 kcal/937 kJ
36 g E, 3 g F, 19 g KH

Rindfleischpfanne

Für 4 Portionen

500 g Rindfleisch aus der Hochrippe

250 g Shirataki-Nudeln

1 Bambussprosse aus der Dose

6 Schalotten mit Grün

1 Zwiebel

6 kleine Champignons

200 g Tofu

2 El Butterschmalz

200 ml Sojasauce

75 g Zucker

200 ml Sake

Zubereitungszeit: ca. 40 Minuten (plus Garzeit)
Pro Portion ca. 678 kcal/2848 kJ
45 g E, 23 g F, 67 g KH

1 Rindfleisch im Tiefkühler anfrieren lassen. Dann das Fleisch gegen die Faser in 1/2 cm dicke Scheiben schneiden, diese quer halbieren. Die Nudeln in 250 ml kochendem Wasser kurz erhitzen, dann abgießen und dritteln. Bambussprosse längs halbieren und quer in dünne Scheiben schneiden. Unter kaltem Wasser kurz abspülen und abtropfen lassen. Schalotten putzen und in etwa 4 cm lange Stücke schneiden. Zwiebel schälen, Pilze putzen. Beides in Scheiben schneiden. Tofu in Würfel schneiden. Alle Zutaten auf einer Platte anrichten.

2 Eine große Pfanne erhitzen. Den Boden der Pfanne mit dem Butterschmalz einfetten. 6 bis 8 Scheiben Fleisch in die Pfanne legen. 50 ml Sojasauce darüber gießen und mit 50 g Zucker bestreuen. Scheiben 1 Minute braten, dann wenden und auf eine Seite der Pfanne schieben. Schalotten, Zwiebel, Pilze, Tofu, Shirataki, Bambussprossen in etwa 4 Portionen teilen. Je eine Portion in die Pfanne geben, mit 50 ml Sake begießen und 5 Minuten garen. Den Pfanneninhalt auf Teller verteilen. Die restlichen Fleischscheiben und das Gemüse ebenso zubereiten.

Fischpfanne

Für 4 Portionen

500 g Heilbuttfilet

250 g Glasnudeln

200 g Chinakohl

6 Schalotten mit Grün

1 Zwiebel

6 kleine Champignons

200 g Tofu

2 El Butterschmalz

200 ml Sojasauce

75 g Zucker

200 ml Sake

Shisa-Pfeffer

Zubereitungszeit: ca. 40 Minuten (plus Garzeit)
Pro Portion ca. 525 kcal/2205 kJ
45 g E, 12 g F, 49 g KH

1 Fischfleisch im Tiefkühler anfrieren lassen. Dann in dünne Scheiben schneiden. Die Nudeln in 250 ml kochendem Wasser kurz erhitzen, dann abgießen und dritteln. Chinakohl in dünne Streifen schneiden. Schalotten in etwa 4 cm lange Stücke schneiden. Zwiebel schälen, Pilze putzen, beides in Scheiben schneiden. Tofu in Würfel schneiden. Alle Zutaten auf einer Platte anrichten.

2 Das Gericht wie die Rindfleischpfanne zubereiten. Mit Shisa-Pfeffer würzen.

Grillen

In Japan werden gegrillte Speisen als „Yakimono“ bezeichnet. Diese Art der Zubereitung ist einfach und überall bekannt. Die Unterschiede zwischen den einzelnen Rezepten bestehen hauptsächlich in den Gewürzen und in der Zusammenstellung der Zutaten. Gegrillt wird oft im Freien, aber auch auf dem typischen japanischen Grill, dem „Teppan“, einer heißen Eisenplatte bzw. dem Tischgrill. Für einige Gerichte ist auch der Backofengrill völlig ausreichend.

Gegrillter Tofu mit weißer Misoglasur

1 Den Tofu in 16 rechteckige Stücke schneiden und auf Küchenpapier 30 Minuten ruhen lassen.

2 2 Bambusspieße in 1 Tofustück stecken und diesen auf dem heißen Grill grillen, bis der Tofu zu bräunen beginnt. Wenden und von der anderen Seite grillen.

3 Weiße Misopaste, Mirin, Sake, Zucker und Eigelb in einem Topf aufkochen und bei geringer Temperatur köcheln, bis eine weiche dickliche Glasur entstanden ist. Das Eigelb darf nicht stocken.

4 Miso-Glasur auf die gebräunte Seite des Tofu streichen. Dann wenden und die glasierte Seite noch einmal grillen. Mit der anderen Seite ebenso verfahren. Danach mit allen weiteren Tofu-Stücken so verfahren.

Für 4 bis 8 Portionen

450 g Tofu

32 Bambusspieße

75 ml süße weiße Misopaste

3 El Mirin

1 El Sake

1 El Zucker

1 Eigelb

Zubereitungszeit: ca. 20 Minuten (plus Ruhe-, Koch- und Grillzeit)
Pro Portion ca. 220 kcal/924 kJ
21 g E, 13 g F, 4 g KH

Gegrillter Tofu mit roter Misoglasur

1 Den Tofu in 16 rechteckige Stücke schneiden (etwa 2 cm dick). Auf eine doppelte Lage Küchenpapier legen und 30 Minuten ruhen lassen.

2 2 Bambusspieße parallel in 1 Tofustück stecken und auf dem heißen Grill grillen, bis der Tofu zu bräunen beginnt. Wenden und von der anderen Seite grillen.

3 Misopaste, Mirin, Zucker, Sake und Eigelb in einem Topf aufkochen und bei geringer Temperatur unter Rühren köcheln, bis eine weiche dickliche Glasur entstanden ist. Das Eigelb darf nicht stocken.

4 Glasur auf die gebräunte Seite des Tofu streichen. Dann wenden und die glasierte Seite noch einmal grillen. Mit der anderen Seite wiederholen. Danach mit allen weiteren Tofu-Stücken so verfahren.

Für 4 bis 8 Portionen

450 g Tofu

32 Bambusspieße

75 ml rote Misopaste

50 ml Mirin

3 El Zucker

2 El Sake

1 Eigelb

Zubereitungszeit: ca. 20 Minuten (plus Ruhe-, Koch- und Garzeit)
Pro Portion ca. 260 kcal/1092 kJ
22 g E, 12 g F, 15 g KH

Gegrillte Langustenschwänze in Reisweinsauce

Für 4 Portionen

6 bis 8 Langustenschwänze

Pfeffer

100 ml Mirin

100 ml Sake

12 El Sojasauce

50 g Zucker

Zubereitungszeit: ca. 20 Minuten (plus Grillzeit)
Pro Portion ca. 248 kcal/1042 kJ
32 g E, 3 g F, 16 g KH

1 Die Langustenschwänze bis auf das Ende von den Schalen befreien und den Darm entfernen. Jeden Langustenschwanz auf einen Metallspieß stecken.

2 Mirin und Sake in einem Topf erwärmen, dann den Topf vom Herd nehmen und den Sake anzünden. Topf schütteln, bis die Flamme erlischt. Dann Sojasauce und Zucher unterrühren und alles aufkochen. Abkühlen lassen.

3 Den Grill vorheizen. Die Langustenspieße in die Sauce tunken und auf den Grill legen (großer Abstand zum Feuer). Wenn das Langustenfleisch leicht gebräunt ist, nochmals Sauce darauf pinseln und weitere 2 Minuten grillen. Diesen Vorgang wiederholen, bis die Oberfläche gut gebräunt ist.

4 Die Spieße entfernen, die Langustenschwänze auf Tellern anrichten und mit Pfeffer bestreuen.

Gegrillter Tofu

1 Den Tofu in Scheiben von etwa 2 cm Dicke schneiden.

2 Aus 1 Tl Sojasauce, Knoblauch, Öl, etwas Pfeffer, Zucker und Maisstärke eine Marinade rühren und den Tofu damit einstreichen.

3 Den Tofu auf dem heißen Grill goldbraun und knusprig grillen und mit Wasabi und Daikon servieren.

Für 4 Portionen

300 g Tofu

1 1/2 El Sojasauce

1 Knoblauchzehe, fein gehackt

1 1/2 El Sesamöl

1/4 Tl zerstoßener roter Pfeffer

1/2 Tl Zucker

1 El Maisstärke

Wasabi

geriebener Daikon

Zubereitungszeit: ca. 10 Minuten (plus Koch- und Grillzeit)
Pro Portion ca. 143 kcal/601 kJ
13 g E, 8 g F, 4 g KH

Seebrassen-Teriyaki

Für 4 Portionen

50 ml Sake

100 ml Mirin

100 ml Shoyu

1 El Zucker

4 Seebrassenfilets (à 120 g)

Mirin zum Glasieren

150 g frisch geriebener Daikon

3 El frisch geriebener Ingwer

$^1/_2$ Zitrone

Zubereitungszeit: ca. 20 Minuten (plus Grillzeit)
Pro Portion ca. 232 kcal/974 kJ
27 g E, 4 g F, 12 g KH

1 Sake mit Mirin, Shoyu und Zucker in einer Schüssel vermischen und die Fischfilets darin etwa 60 Minuten marinieren. Ab und zu mit der Marinade überziehen.

2 Den Backofengrill auf 250 °C vorheizen. Fischfilets aus der Marinade nehmen, mit Küchenpapier abtupfen, die Marinade aufbewahren. Fisch auf einen Rost über ein Backblech legen und im Ofen etwa 8 Minuten grillen, bis die Haut sich braun verfärbt.

3 Die Fischfilets mit der Marinade einpinseln, weitere 3 Minuten grillen, den Vorgang wiederholen. Filets in Alufolie wickeln und weitere 5 Minuten grillen.

4 Fischfilets mit Mirin einstreichen und auf eine Warmhalteplatte legen. Davor Daikon, Ingwer und die in Viertel geschnittene Zitrone anrichten.

Kabeljau-Teriyaki

Für 4 Portionen

50 ml Sake

100 ml Mirin

100 ml Shoyu

1 El Zucker

4 Kabeljaufilets (á 120 g)

Mirin zum Glasieren

150 g frisch geriebener Daikon

3 El frisch geriebener Ingwer

$^1/_2$ Zitrone

Zubereitungszeit: ca. 20 Minuten (plus Grillzeit)
Pro Portion ca. 130 kcal/547 kJ
21 g E, 1 g F, 2 g KH

1 Das Gericht wie oben mit Seebrasse beschrieben zubereiten.

2 Auf einer Servierplatte anrichten und mit Daikon, Ingwer und Zitrone garnieren.

Spieße mit Hühnchen und Lauch

Für 4 Portionen

100 ml Mirin

50 ml Shoyu

2 El Zucker

450 g Hühnerfleisch mit Haut

2 Frühlingszwiebeln

Shichimi-togarashi

gewässerte Bambusspieße

Zubereitungszeit: ca. 30 Minuten (plus Koch- und Grillzeit)
Pro Portion ca. 185 kcal/777 kJ
28 g E, 1 g F, 9 g KH

1 Mirin, Shoyu und Zucker miteinander mischen und bei mittlerer Temperatur etwa 5 Minuten köcheln, bis die Flüssigkeit etwas reduziert ist. Beiseite stellen.

2 Das Hühnchenfleisch in etwa 3 cm große Würfel schneiden. Den Lauch putzen, waschen und in etwa 2,5 cm große Stücke schneiden.

3 Abwechselnd Hühnchen und Lauch auf die Bambusspieße stecken. Dabei mit Hühnchenfleisch beginnen und enden. Den Ofengrill auf 250 °C vorheizen. Ein Backblech mit Alufolie auslegen und die Spieße darauf legen. Die Enden der Spieße mit Folie umwickeln.

4 Die Spieße etwa 5 Minuten grillen, dann das Backblech aus dem Ofen nehmen. Die Spieße gleichmäßig und von allen Seiten mit der Marinade bestreichen. Weitere 3 Minuten in den Ofen geben. Dann erneut mit Marinade einstreichen. 3 Minuten grillen und die restliche Marinade drüber geben. Mit Shichimi-togarashi bestreut servieren.

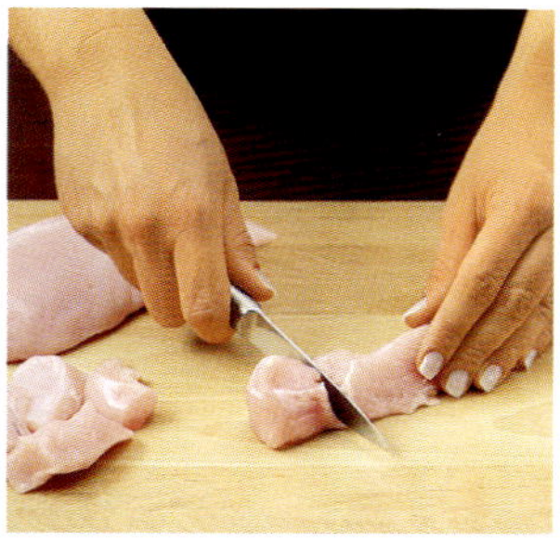

Spieße mit Hühnerinnereien

Für 4 Portionen

100 ml Mirin

50 ml Shoyu

2 El Zucker

450 g Hühnerhaut und -innereien wie Herz, Magen, Leber

2 Frühlingszwiebeln

Shichimi-togarashi

gewässerte Bambusspieße

Zubereitungszeit: ca. 30 Minuten (plus Koch- und Grillzeit)
Pro Portion ca. 185 kcal/776 kJ
27 g E, 1 g F, 9 g KH

1 Die Zutaten für die Marinade miteinander verrühren und etwas einkochen lassen.

2 Die Hühnerinnereien und -haut in etwa gleich große Würfel schneiden. Lauch putzen, waschen und ebenfalls zerschneiden.

3 Abwechselnd Hühnerhaut, -innereien und Lauch auf Bambusspieße stecken und unter dem vorgeheizten Grill (250 °C) auf einem Backblech grillen, wie oben beschrieben.

4 Die Hühnchenspieße mit der Marinade bestreichen, weiter grillen und mit Shichimi-togarashi bestreut servieren.

Gegrilltes Huhn mit Teriyaki-Glasur

Für 4–6 Portionen

250 ml Mirin

250 ml Sojasauce

250 ml Hühnerbrühe

6 Hühnerbrüste ohne Knochen, mit Haut

15 g Zucker

4 Tl Senfpulver

1 Bund Petersilie

16 Bambusspieße

Zubereitungszeit: ca. 20 Minuten (plus Grillzeit)
Pro Portion ca. 390 kcal/1638 kJ
50 g E, 6 g F, 19 g KH

1 Den Grill vorwärmen. Mirin, Sojasauce und Hühnerbrühe miteinander mischen. Die Hühnerbrüste darin wenden und würfeln. Auf Spieße stecken und etwa 3 Minuten grillen.

2 Hühnerspieße erneut mit Teriyaki-Sauce bestreichen und erneut 3 Minuten grillen. Diesen Vorgang noch einmal wiederholen, bis das Fleisch knusprig braun ist.

3 Die Spieße nach dem Grillen mit der restlichen Teriyaki-Sauce, in die der Zucker gerührt wurde, glasieren. Auf Tellern anrichten und mit je einem Tl Senfpulver, in Wasser angerührt, und Petersilie garniert servieren.

Gegrillter Lachs mit Glasur

1 Die Teriyaki-Sauce wie im vorigen Rezept anrühren. Die Fischfilets darin wenden und unter dem heißen Grill mit der Hautseite nach oben etwa 3 Minuten grillen.

2 Fisch wenden, mit Sauce einreiben und erneut 3 Minuten grillen. Vorgang wiederholen und die Hautseite nochmals 3 Minuten grillen.

3 Lachsstücke auf Tellern anrichten und mit der Teriyaki-Glasur bestreichen. Mit Senf und Petersilie servieren.

Für 4–6 Portionen

250 ml Mirin

250 ml Sojasauce

250 ml Fischbrühe

4 Lachsfilet mit Haut (à 125 g)

15 g Zucker

4 Tl Senfpulver

1 Bund Petersilie

Zubereitungszeit: ca. 20 Minuten (plus Grillzeit)
Pro Portion ca. 348 kcal/1462 kJ
30 g E, 12 g F, 15 g KH

Gegrillter Fisch mit Zitronen-Soja-Sauce

Für 4 Portionen

8 Garnelen

400 g Thunfisch

8 grüne Spargelstangen

4 kleine weiße Auberginen

4 Enokitakes, 4 El Öl

2 El Zitronensaft

4 El Dashi, 1/2 Tl Salz

1 Tl Sojasauce

Zubereitungszeit: ca. 30 Minuten (plus Grillzeit)
Pro Portion ca. 383 kcal/1607 kJ
63 g E, 11 g F, 8 g KH

1 Fisch, Garnelen und Gemüse wie beschrieben zubereiten.

2 Die Zutaten für die Sauce miteinander verrühren zum gegrillten Fisch servieren.

Gegrillter Fisch mit Misosauce

Für 4 Portionen

8 Garnelen

400 g Thunfisch

8 grüne Spargelstangen

4 kleine weiße Auberginen

4 Enokitakes

4 El Öl

3 El geröstete weiße Sesamsamen

je 2 El helle Sojasauce, süßes Miso, Sojasauce, Misin, Saké

Zubereitungszeit: ca. 30 Minuten (plus Grillzeit)
Pro Portion ca. 400 kcal/1680 kJ
63 g E, 13 g F, 7 g KH

1 Fisch, Garnelen und Gemüse wie beschrieben zubereiten.

2 Für die Sauce die Zutaten in einem Topf aufkochen und etwas einkochen lassen. Zu Teppan Yaki reichen.

Gegrillter Fisch mit Ketchup-Sojasauce

Für 4 Portionen

8 Garnelen

400 g Thunfisch

8 grüne Spargelstangen

4 kleine weiße Auberginen

4 Enokitakes

4 El Öl

3 El Ketchup

2 El Sojasauce

1 El Worcestersauce

Zubereitungszeit: ca. 30 Minuten (plus Grillzeit)
Pro Portion ca. 375 kcal/1575 kJ
61 g E, 10 g F, 8 g KH

1 Fisch, Garnelen und Gemüse wie beschrieben zubereiten.

2 Für die Sauce die Zutaten miteinander verrühren und dazu reichen.

Gegrillter Fisch

1 Die Garnelen aus den Schalen lösen und entdarmen. Den Thunfisch in dünne Stücke schneiden. Spargel im unteren Drittel schälen, die Enden abschneiden. Auberginen putzen und in Scheiben schneiden. Die Pilze putzen und halbieren. Gemüse außer Auberginen kurz in kochendem Wasser blanchieren. Abgießen und abtropfen lassen.

2 Die Pfanne des Eisengrills mit 2 El Öl einstreichen und zuerst die Auberginen von beiden Seiten grillen. Mehrmals mit Öl einstreichen. Nach etwa 10 Minuten Garnelen und Fisch darauf legen und grillen, bis die Garnelen sich verfärben und das Fischfleisch durch ist. Spargel und Pilze etwa 5 Minuten mitgrillen.

3 Das gegrillte Gemüse, Garnelen und Fisch mit einem Dip nach Wahl (siehe gegenüberliegende Seite) servieren.

Für 4 Portionen

8 Garnelen

400 g Thunfisch

8 grüne Spargelstangen

4 kleine weiße Auberginen

4 Enokitakes

4 El Öl

Zubereitungszeit: ca. 30 Minuten (plus Blanchier- und Grillzeit)
Pro Portion ca. 363 kcal/1522 kJ
61 g E, 10 g F, 6 g KH

Für 4 Portionen

4–6 japanische Auberginen

4 El Öl

Rote Miso-Glasur:

75 ml Aks-dashi Miso (rote Misopaste)

50 ml Mirin, 3 El Zucker

2 El Sake, 1 Eigelb

Weiße Miso-Glasur:

75 ml süße weiße Misopaste

3 El Mirin, 1 El Sake

1 El Zucker, 1 Eigelb

Frisch gehackte Petersilie

Zubereitungszeit: ca. 20 Minuten (plus Grillzeit)
Pro Portion ca. 205 kcal/860 kJ
10 g E, 11 g F, 15 g KH

Gegrillte Auberginen mit Miso-Glasur

1 Die Aubergine längs halbieren. Auberginen waschen, rautenförmig einschneiden und trockentupfen. Mit Öl einstreichen.

2 Die Auberginen auf ein mit Backpapier ausgelegtes Backblech legen und von beiden Seiten goldbraun grillen.

3 Eine Misoglaur nach Wahl herstellen, jeweils die gebräunte Seite der Auberginen damit einstreichen und weiter grillen. Mit Petersilie bestreut servieren.

Für 4 Portionen

4–6 Baby-Auberginen

4 El Öl

3 El Sesamkörner

Zubereitungszeit: ca. 20 Minuten (plus Grillzeit)
Pro Portion ca. 173 kcal/727 kJ
4 g E, 14 g F, 7 g KH

Gegrillte Auberginen mit Sesam

1 Die Auberginen putzen und wie oben beschrieben grillen.

2 Die Sesamkörner in einer Pfanne ohne Fett rösten, bis sie duften Zu den gegrillten Auberginen reichen.

Pikanter Pfannkuchen

1 Den Kohl putzen und grob hacken. Die Shrimps längs halbieren. Die Möhren schälen und reiben. Mit Tenkasu, Mehl, Backpulver, Salz, 240 ml Wasser und den Eiern verrühren. Den Teig auf vier Schüsseln verteilen.

2 Ein Pfanne mit etwas Öl einstreichen und erhitzen. Temperatur herunterschalten und den Inhalt einer Schüssel mit Teig und Zutaten darauf geben. ½ El Ingwer darauf geben und einen Pfannkuchen backen. Wenn die Oberfläche gebräunt ist, den Pfannkuchen wenden und von der anderen Seite braten.

3 Den fertigen Pfannkuchen mit Okonomi-Sauce, Mayonnaise, Bonito- und Seeweizenflocken bestreuen. Die restlichen drei Pfannkuchen ebenso zubereiten.

Für 4 Portionen

600 g Chinakohl

8 rohe Shrimps ohne Schale und Darm

3 Möhren, 4 El Tenkasu (knusprig gebratener Reis)

240 g Mehl

½ Tl Backpulver

½ Tl Salz, 4 Eier

2 El Pflanzenöl

2 El gehackter eingelegter Ingwer, scharfer Senf

Okonomi-yoki-Sauce

Mayonnaise

getrocknete Bonitoflocken

grüne Seeweizenflocken

Zubereitungszeit: ca. 30 Minuten (plus Bratzeit)
Pro Portion ca. 420 kcal/1764 kJ
26 g E, 13 g F, 48 g KH

Pikanter vegetarischer Pfannkuchen

1 Kohl putzen und hacken, Shiitakes putzen, die Stiele entfernen und die Pilze in Scheiben schneiden. Zutaten sowie Tenkasu in 4 Portionen teilen.

2 Mehl, Backpulver, Salz mischen und mit 240 ml Wasser verrühren. Den Teig auf vier Schüsseln verteilen. Mit je einem Ei und einem Viertel der Zutaten vermischen.

3 Ein Pfanne mit etwas Öl einstreichen und erhitzen. Wie bei „Pikanter Pfannkuchen" beschrieben einen Pfannkuchen backen.

4 Den fertigen Pfannkuchen mit Senf, Okonomi-Sauce, Mayonnaise bestreichen. Die restlichen drei Pfannkuchen ebenso zubereiten.

Für 4 Portionen

600 g Weißkohl

8 frische Shiitakes

1 Bund frisch gehackte Kräuter der Saison

4 El Tenkasu, 240 g Mehl

½ Tl Backpulver

½ Tl Salz, 4 Eier

2 El Pflanzenöl

2 El gehackter eingelegter Ingwer

scharfer Senf, Mayonnaise

Okonomi-yoki-Sauce

Zubereitungszeit: ca. 25 Minuten (plus Bratzeit)
Pro Portion ca. 397 kcal/1669 kJ
16 g E, 12 g F, 56 g KH

Für 4 Portionen

4 kleine Rindersteaks

Salz, Pfeffer

je 1 Zwiebel und Aubergine

100 g Shiitakes

1 1/2 El Senfpulver

50 ml Sojasauce

2 El Mirin

1/2 Tl Sesamöl

1 El Pflanzenöl

2 El Butter

Zubereitungszeit: ca. 30 Minuten (plus Grillzeit)
Pro Portion ca. 295 kcal/1239 kJ
36 g E, 15 g F, 3 g KH

Gegrilltes Fleisch mit Gemüse

1 Das Fleisch würzen. Die Aubergine putzen, in dünne Scheiben schneiden und entkernen. Pilze putzen, waschen und die Stiele entfernen.

2 Die restlichen Zutaten außer Pflanzenöl und Butter zu einer Sauce verrühren und auf 4 Schälchen verteilen.

3 Einen japanischen Grill (Teppan = Eisenplatte) oder Elektrogrill vorheizen. Teppan mit der Hälfte des Öls einstreichen und jeweils die Hälfte des Fleischs und des Gemüses darauf legen. Das Gemüse mit 1 El Butter bestreichen. Fleisch und Gemüse grillen, bis sie gar sind. Vor dem Servieren die Steaks in dünne Streifen schneiden und mit der Senfsauce servieren.

4 Restliches Gemüse und Fleisch ebenso zubereiten. Dazu Reis reichen.

Gegrillter Fisch mit Gemüse

1 Die Fischfilets mit Salz und Pfeffer würzen. Die Frühlingszwiebeln putzen und in 5 cm lange, die Karotten schälen und in 2 cm lange Stücke schneiden. Chilis putzen und entkernen.

2 Die restlichen Zutaten außer Pflanzenöl und Butter zu einer Sauce verrühren und auf 4 Schälchen verteilen.

3 Einen japanischen Grill (Teppan = Eisenplatte) oder Elektrogrill vorheizen. Teppan mit der Hälfte des Öls einstreichen und jeweils die Hälfte des Fischs und des Gemüses darauf legen. Das Gemüse mit 1 El Butter bestreichen. Fisch und Gemüse grillen, bis sie gar sind. Vor dem Servieren den Fisch in dünne Streifen schneiden und mit der Senfsauce servieren. Restliches Gemüse und Fisch ebenso zubereiten. Dazu Nudeln reichen.

Für 4 Portionen

4 Zanderfilets (à 120 g)
Salz, Pfeffer
4 Frühlingszwiebeln
2 Karotten
2 rote Chilischoten
1 1/2 El Senfpulver
50 ml Sojasauce
2 El Mirin
1/2 Tl Sesamöl
1 El Pflanzenöl
2 El Butter

Zubereitungszeit: ca. 30 Minuten (plus Grillzeit)
Pro Portion ca. 303 kcal/1270 kJ
26 g E, 19 g F, 6 g KH

Fleischröllchen mit Spargel

Für 4 Portionen
400 g Kalbsfilet
160 ml Sake
3 El dunkle Sojasauce
2 1/2 El Zucker
2 El Mirin
1 El Tamari
8 grüne Spargelstangen
Salz
2 El Pflanzenöl
scharfer Senf

Zubereitungszeit: ca. 30 Minuten (plus Gar-, Brat- und Kochzeit)
Pro Portion ca. 185 kcal/775 kJ
21 g E, 6 g F, 5 g KH

1 Das Fleisch in dünne Scheiben schneiden. Sake, Sojasauce, Zucker, Mirin und Tamari verrühren und die Fleischscheiben darin marinieren.

2 Spargel im unteren Drittel schälen, Enden abschneiden. Die Stangen in kochendem Salzwasser etwa 15 Minuten garen. Abgießen, abtropfen lassen und längs halbieren.

3 Das Fleisch aus der Marinade nehmen, Sauce aufbewahren. Jeweils 2 bis 3 Fleischscheiben etwas überlappend nebeneinander legen und 4 bis 5 Spargelstangen darauf legen. Zusammenrollen und festbinden. Mit übrigem Fleisch und Spargel ebenso verfahren.

4 Das Öl in einer Pfanne erhitzen und die Fleischröllchen darin gut anbraten. Die Marinade hinzufügen und etwa 1 Minute köcheln. Röllchen aus der Pfanne nehmen und warm stellen. Die Sauce cremig einkochen lassen, die Röllchen wieder in die Pfanne geben und in der Sauce wenden.

5 Herausnehmen und nach Bedarf in Scheiben schneiden. Mit dem Senf servieren.

Fleischröllchen mit Bohnen und Möhren

Für 4 Portionen
400 g Kalbsfilet
160 ml Sake
3 El dunkle Sojasauce
2 1/2 El Zucker
2 El Mirin
1 El Tamari
8 grüne Bohnen
2 Möhren
Salz
2 El Pflanzenöl
scharfer Senf

Zubereitungszeit: ca. 30 Minuten (plus Gar-, Koch- und Bratzeit)
Pro Portion ca. 204 kcal/857 kJ
22 g E, 6 g F, 8 g KH

1 Fleisch wie beschrieben in der Sauce marinieren.

2 Grüne Bohne putzen und halbieren. Möhren schälen und in längliche Streifen schneiden. Das Gemüse blanchieren, in die Fleischscheiben rollen und wie angegeben braten.

Teppanyaki mit Nudeln

1 Die Buchweizennudeln in kochendem Salzwasser etwa 7 Minuten garen. Abgießen, abschrecken und in einem Sieb abtropfen lassen.

2 Die Frühlingszwiebeln putzen und in 3 cm lange Streifen schneiden.

3 Den Teppan mit Öl einreiben und die Nudeln mit den Frühlingszwiebeln darauf unter mehrmalige Wenden 4 Minuten grillen. In der heißen Brühe servieren.

Für 4 Portionen

400 g Buchweizennudeln

3 Frühlingszwiebeln

1 El Pflanzenöl

600 ml Dashi

Zubereitungszeit: ca. 20 Minuten (plus Gar- und Grillzeit)
Pro Portion ca. 585 kcal/2457 kJ
35 g E, 9 g F, 89 g KH

Teppanyaki mit Udon und Gemüse

1 Die Nudeln in kochendem Salzwasser etwa 7 Minuten garen. Abgießen, abschrecken und abtropfen lassen.

2 Pak Soi putzen, Möhren schälen. Beide in dünne Streifen schneiden. Die Pilze putzen, von den Stielen befreien und in Scheiben schneiden.

3 Das Öl auf dem Teppan erhitzen und die Nudeln mit dem Gemüse unter mehrmaligem Wenden knusprig grillen. In der heißen Brühe servieren.

Für 4 Portionen

250 g Udon

100 g Pak Soi

2 Möhren

4 Shiitakes

1 El Pflanzenöl

600 ml Dashi

Zubereitungszeit: ca. 30 Minuten (plus Gar- und Grillzeit)
Pro Portion ca. 473 kcal/1985 kJ
33 g E, 10 g F, 60 g KH

Für 4 Portionen

7 El Zitronensaft

7 El dunkle Sojasauce

5 El Reisessig

1 El Tamari, 5 Tl Mirin

50 g Bonitoflocken

2 1/2 cm Konbu

450 g Rinderfilet, Salz

1 El dunkle Sojasauce

1 El Sake, 4 El gehackte Frühlingszwiebeln

4 El geriebener roter Rettich

3 Tl frisch geriebener Ingwer

Zubereitungszeit: ca. 30 Minuten (plus Kühl- und Grillzeit)
Pro Portion ca. 180 kcal/760 kJ
25 g E, 7 g F, 3 g KH

Rindfleisch auf japanische Art

1 Zitronensaft, Sojasauce, Reisessig, Tamari, Mirin und Bonitoflocken miteinander verrühren und 24 Stunden durchziehen lassen. Anschließend durch ein Sieb passieren.

2 Das Fleisch von Fett und Häuten befreien und in etwa 1 ½ cm dicke Scheiben schneiden. Mit Salz bestreuen und jede Scheibe auf 2 bis 3 Metallspieße stecken. Über dem offenen Grill kurz grillen, bis die Fleischscheiben außen gebräunt sind. Vom Grill nehmen und sofort in eiskaltes Wasser tauchen. Die Spieße aus den Fleischscheiben ziehen und diese trockentupfen.

3 Sojasauce und Saké verrühren und über das Fleisch geben. In Folie wickeln und 24 Stunden kühlen. Anschließend auf einer Platte mit dem Gemüse anrichten. Die Zitronensauce als Dip dazureichen.

Thunfisch auf japanische Art

1 Die Zitronensauce wie bei „Rindfleisch auf japanische Art“ beschrieben zubereiten und kühlen.

2 Den Thunfisch mit einem scharfen Messer in dünne Scheiben schneiden. Dazu das Fischfleisch evtl. kurz anfrieren lassen. Fischscheiben auf 2 bis 3 Spieße stecken und grillen. Wenn der Fisch leicht gebräunt ist, vom Grill nehmen und sofort in kaltes Wasser tauchen. Spieße herausziehen, Fisch trockentupfen.

3 Fisch mit Sojasauce und Sake einreiben und 24 Stunden marinieren lassen. Marinierten Fisch mit dem Gemüse dekorativ anrichten.

4 Die Zitronensauce als Dip dazureichen.

Für 4 Portionen

7 El Zitronensaft,
7 El dunkle Sojasauce

5 El Reisessig,
1 El Tamari, 5 Tl Mirin

50 g Bonitoflocken,
2 $^1/_2$ cm Konbu

450 g Thunfischfilet, Salz

1 El dunkle Sojasauce

1 El Sake, 4 El gehackte Frühlingszwiebeln

4 El geriebener roter Rettich, 3 Tl frisch geriebener Ingwer

Zubereitungszeit: ca. 30 Minuten (plus Kühl- und Grillzeit)
Pro Portion ca. 295 kcal/1239 kJ
26 g E, 19 g F, 3 g KH

Frittieren

Tempura kennt und genießt man in Japan wie hierzulande: Gemüse, Fleisch oder Fisch werden in Teig getaucht und dann im heißen Fett knusprig frittiert. In Restaurants bekommt man kleine Spieße mit frittierten Fleisch-, Fisch- oder Gemüsestückchen, die in köstliche Dips getunkt werden.

Zuhause sitzt man um den Tisch und breitet sich sein eigenes Tempura.

Frittierter Lachs

Für 4 Portionen

200 ml Dashi

je 50 ml Mirin und Sojasauce

2 El Zucker, 100 g Mehl

20 g Maisstärke

1/8 Tl Backpulver

400 g Lachsfilet

1 Eigelb, 1 l Frittieröl

Zubereitungszeit: ca. 30 Minuten (plus Frittierzeit)
Pro Portion ca. 545 kcal/2289 kJ
27 g E, 35 g F, 29 g KH

1 Dip und Teig wie rechts angegeben zubereiten. Das Lachsfilet in mundgerechte Stücke schneiden.

2 Frittieröl erhitzen und die Fischstücke darin goldbraun frittieren. Mit dem Dip servieren.

Frittierter Tintenfisch

Für 4 Portionen

200 ml Dashi

50 ml Mirin

50 ml Sojasauce

2 El Zucker

200 g Mehl, 1 Eigelb

20 g Maisstärke

1/8 Tl Backpulver

8 kleine Tintenfische oder 400 g Tintenfischringe

1 l Frittieröl

Zubereitungszeit: ca. 30 Minuten (plus Frittierzeit)
Pro Portion ca. 495 kcal/2079 kJ
25 g E, 30 g F, 31 g KH

1 Dip und Teig wie rechts angegeben zubereiten. Tintenfische putzen.

2 Frittieröl erhitzen und die Tintenfische bzw. Tintenfischringe darin goldbraun frittieren. Mit dem Dip servieren.

Frittierter Barsch

Für 4 Portionen

200 ml Dashi

50 ml Mirin

50 ml Sojasauce

2 El Zucker

200 g Mehl, 1 Eigelb

20 g Maisstärke

1/8 Tl Backpulver

400 g Viktoriabarschfilet

1 l Frittieröl

Zubereitungszeit: ca. 30 Minuten (plus Frittierzeit)
Pro Portion ca. 520 kcal/2184 kJ
28 g E, 32 g F, 29 g KH

1 Dip und Teig wie rechts angegeben zubereiten. Das Barschfilet in mundgerechte Stücke schneiden.

2 Frittieröl erhitzen und die Fischstücke darin goldbraun frittieren. Mit dem Dip servieren.

Frittierte Shrimps

1 Dashi, Mirin, Sojasauce und Zucker miteinander mischen und in einem Topf kochen, bis der Zucker sich aufgelöst hat. Kühl stellen. Mehl, Stärke und Backpulver mischen.

2 Die Shrimps auf dem Rücken mehrmals einschneiden.

3 Das Eigelb sowie etwa 250 ml Eiswasser unter die Mehlmischung rühren und einen glatten, cremigen Teig herstellen. Das Frittieröl in einem großen Topf auf 180 °C erhitzen.

4 Nun nacheinander die Shrimps in den Teig tauchen und im Fett etwa 1 1/2 Minuten goldbraun backen. Mit einem Schaumlöffel herausholen und auf Küchenpapier abtropfen lassen. Sofort mit dem Dip servieren.

Für 4 Portionen

200 ml Dashi

50 ml Mirin

50 ml Sojasauce

2 El Zucker

200 g Mehl, 1 Eigelb

20 g Maisstärke

1/8 Tl Backpulver

8 große rohe Shrimps ohne Haut und Darm

1 l Frittieröl

Zubereitungszeit: ca. 40 Minuten (plus Frittierzeit)
Pro Portion ca. 558 kcal/2344 kJ
20 g E, 30 g F, 50 g KH

Shrimps-Tempura auf Reis

Für 4–6 Portionen

400 g Reis

20 Shrimps

8 Pfefferschoten

Mehl zum Bestäuben

1 Ei

200 g Mehl

500 ml Frittieröl

100 g Mirin

50 ml Sojasauce

1 El Zucker

2 El Dashi

Zubereitungszeit: ca. 20 Minuten (plus Frittierzeit)
Pro Portion ca. 510 kcal/2142 kJ
9 g E, 18 g F, 78 g KH

1 Den Reis im Reiskocher kochen. Die Shrimps von Schalen und Darm befreien. Das Ei mit etwa 200 ml Wasser verquirlen und das Mehl einrühren.

2 Das Öl in einem Topf erhitzen. Die Shrimps in den Teig tauchen und im heißen Öl goldbraun frittieren. Auf Küchenpapier abtropfen lassen. Die Pfefferschoten auf dieselbe Art in den Teig tauchen und frittieren.

3 Aus den restlichen Zutaten einen Dip rühren und erhitzen. Den Reis auf Schalen verteilen und je 1 ½ El des Dips darüber geben. Dann die Shrimps sowie die Pfefferschoten darauf legen.

Reis mit Frühlingszwiebeln

Für 4–6 Portionen

400 g Reis

1 Bund Frühlingszwiebeln

1 Ei

200 g Mehl

500 ml Frittieröl

100 g Mirin

50 ml Sojasauce

1 El Zucker

2 El Dashi

Zubereitungszeit: ca. 20 Minuten (plus Frittierzeit)
Pro Portion ca. 540 kcal/2268 kJ
10 g E, 29 g F, 79 g KH

1 Den Reis im Reiskocher kochen. Die Frühlingszwiebeln putzen, in 4 cm lange Stücke schneiden. Aus Ei, 200 ml Wasser und Mehl einen Teig zubereiten.

2 Die Frühlingszwiebelstücke in den Teig tauchen und im heißen Öl goldbraun frittieren. Auf Küchenpapier abtropfen lassen.

3 Aus den restlichen Zutaten einen Dip rühren und erhitzen. Den Reis auf Schalen verteilen und je 1 ½ El des Dips darüber geben. Dann die Frühlingszwiebeln darauf legen.

Für 4 Portionen

80 ml Worcestersauce

4 El Dashi, 3 El Sojasauce

je 2 El Tomatenmark und -ketchup

1 Tl Zucker, 150 g Mehl

scharfer gelber Senf

2 Eier, 1/2 Tl Backpulver

300 g grob gehackte Brotbrösel

je 300 g Tintenfischfleisch und Kabeljaufilet

Mehl zum Bestäuben

1 l Frittieröl

1 Zitrone in Spalten

Zubereitungszeit: ca. 20 Minuten (plus Frittierzeit)
Pro Portion ca. 733 kcal/3077 kJ
39 g E, 32 g F, 71 g KH

Frittierte Fischspieße

1 Worcestersauce, Dashi, Sojasauce, Tomatenmark und -ketchup, Zucker und Senf miteinander zu einem Dip verrühren. Mehl und Backpulver mischen und mit den Eiern sowie 400 ml Wasser zu einem glatten Teig verrühren. Die Brotbrösel untermischen.

2 Tintenfisch und Kabeljau in 3 bis 4 cm große Würfel schneiden und auf Bambusspieße stecken. Das Frittieröl in einem großen Topf auf 180 °C erhitzen.

3 Die Fischspieße mit Mehl bestäuben, dann in den Teig tauchen und abtropfen lassen. Anschließend ins heiße Fett tauchen und etwa 3 Minuten goldbraun frittieren. Auf Küchenpapier abtropfen lassen.

4 Die Fischspieße mit dem Dip und Zitronenspalten servieren.

145

Frittierte Fleischspieße

1 Aus den ersten sieben Zutaten einen Dip bereiten und beiseite stellen. Aus Eiern, Mehl, Backpulver und Brotbröseln einen Teig bereiten.

2 Das Rinderfilet in etwa 3 bis 4 cm große Stücke schneiden. Mit Mehl bestäuben, in den Teig tauchen und im heißen Frittieröl etwa 3 Minuten goldbraun braten.

3 Rinderstückchen mit eingelegtem Ingwer servieren.

Für 4 Portionen

80 ml Worcestersauce

4 El Dashi, 3 El Sojasauce

je 2 El Tomatenmark und -ketchup

1 Tl Zucker, 150 g Mehl

scharfer gelber Senf, 2 Eier

1/2 Tl Backpulver

300 g grob gehackte Brotbrösel

450 g Rinderfilet

Mehl zum Bestäuben

1 l Frittieröl

4 El eingelegter Ingwer

Zubereitungszeit: ca. 20 Minuten (plus Frittierzeit)
Pro Portion ca. 750 kcal/3150 kJ
38 g E, 35 g F, 69 g KH

Für 4 Portionen

300 g Tofu,
3 El Maisstärke

200 ml Dashi, 1 El Sake,
3 El helle Sojasauce,
1 Tl Mirin

3 Frühlingszwiebeln,
4 El frisch geriebener Daikon, 1 frisch gehackte japanische Gurke, etwa 1 El Togarashi-Gewürz

Frittieröl

Zubereitungszeit: ca. 20 Minuten (plus Frittierzeit)
Pro Portion ca. 380 kcal/1596 kJ
19 g E, 30 g F, 9 g KH

Frittierter Tofu Togarashi

1 Den Tofu wie rechts beschrieben zubereiten und frittieren. Das Gemüse klein schneiden.

2 In Schalen anrichten und mit Sauce und den übrigen Zutaten servieren.

Für 4 Portionen

300 g Tofu,
3 El Maisstärke,

200 ml Dashi, 1 El Sake,
3 El helle Sojasauce,
1 Tl Mirin

3 Frühlingszwiebeln,
4 El frisch geriebener Daikon

2 Möhren

2 El Brunnenkresse

etwa 1 El gerösteter schwarzer Sesam

Frittieröl

Zubereitungszeit: ca. 20 Minuten (plus Frittierzeit)
Pro Portion ca. 393 kcal/1651 kJ
19 g E, 30 g F, 12 g KH

Frittierter Tofu mit Sesam

1 Den Tofu wie rechts beschrieben zubereiten und frittieren. Frühlingszwiebeln klein schneiden. Möhren schälen und in dünne Streifen schneiden. In kochendem Wasser kurz blanchieren.

2 Tofu in Schalen anrichten und mit Sauce, Gemüse und den übrigen Zutaten servieren.

Für 4 Portionen

300 g Tofu,
3 El Maisstärke

200 ml Dashi, 1 El Sake,
3 El helle Sojasauce,
1 Tl Mirin

4 kleine Stücke Wakame (ca. 5 x 5 cm), 3 Frühlingszwiebeln, 4 El frisch geriebener Daikon und 3 El frisch geriebener roter Rettich, 1 El gerösteter schwarzer Sesam, Frittieröl

Zubereitungszeit: ca. 20 Minuten (plus Frittierzeit)
Pro Portion ca. 380 kcal/1596 kJ
19 g E, 30 g F, 9 g KH

Frittierter Tofu mit Wakame

1 Den Tofu wie rechts beschrieben zubereiten und frittieren. Frühlingszwiebeln klein schneiden. Wakame in Wasser etwa 5 Minuten einweichen, dann gut ausdrücken.

2 Tofu in Schalen anrichten und mit Sauce und den übrigen Zutaten servieren.

Frittierter Tofu

1 Den Tofu in Küchenpapier wickeln und etwa 30 Minuten kühlen. Anschließend in vier Teile schneiden und mit Maisstärke bestreuen. Dashi mit Sake, Sojasauce und Mirin mischen. Die Frühlingszwiebeln putzen und hacken.

2 Das Frittieröl in einem Topf auf 175 °C erhitzen. Die Tofustücke hineingeben und frittieren, bis der Tofu eine goldbraune Farbe angenommen hat und knusprig ist. Herausnehmen und auf Küchenpapier abtropfen lassen.

3 Tofu in Schalen anrichten und mit der Sauce und den restlichen Zutaten servieren.

Für 4 Portionen

300 g Tofu,
3 El Maisstärke

200 ml Dashi, 1 El Sake,
3 El helle Sojasauce,
1 Tl Mirin

3 Frühlingszwiebeln,
4 El frisch geriebener Daikon

etwa 1 Tasse Bonitoflocken

Frittieröl

Zubereitungszeit: ca. 20 Minuten (plus Frittierzeit)
Pro Portion ca. 435 kcal/1827 kJ
21 g E, 34 g F, 12 g KH

Knuspriges Schweinefleisch

Für 4 Portionen

600 g Schweinelende
Salz, Pfeffer
50 g Mehl
2 Eier
100 g Paniermehl
6 Kohlblätter
3 Rettiche
80 ml Worcestersauce
2 El Shoyu
2 El Tomatenketchup
Frittieröl
1 Zitrone
Senf nach Geschmack

Zubereitungszeit: ca. 30 Minuten (plus Kühl- und Frittierzeit)
Pro Portion ca. 558 kcal/2342 kJ
38 g E, 29 g F, 35 g KH

1 Das Fleisch in 2 cm dicke Scheiben schneiden und mit Salz und Pfeffer würzen. Mit Mehl bestäuben und den Rest abschütteln. Die Eier verquirlen und auf einen Teller geben, das Paniermehl ebenso. Die Fleischstücke in Eiern und Paniermehl wenden und 30 Minuten kühl stellen.

2 Die Kohlblätter von den harten Strünken befreien und längs halbieren. Drei Blätter aufeinander legen, zusammenrollen und in dünne Streifen schneiden. Kohlstreifen in kaltem Wasser einweichen.

3 Rettich putzen und in dünne Scheiben schneiden. Zum Kohl geben. Wenn beide knackig sind, in einem Sieb abtropfen lassen.

4 Worcestersauce, Shoyu und Ketchup miteinander verrühren. Das Frittieröl auf 180 °C erhitzen und die Fleischscheiben darin etwa 6 Minuten knusprig ausbacken. Auf Küchenpapier abtropfen lassen. Auf Tellern mit Kohlstreifen, Rettich und Zitronenspalten servieren. Senf und die Sauce dazu reichen.

Frittierter Lachs

Für 4 Portionen

600 g Lachsfilet
Salz, Pfeffer
50 g Mehl
2 Eier
100 g Paniermehl
80 ml Worcestersauce
2 El Shoyu
2 El Tomatenketchup
Frittieröl
1 Zitrone
Senf nach Geschmack

Zubereitungszeit: ca. 30 Minuten (plus Kühl- und Frittierzeit)
Pro Portion ca. 650 kcal/2730 kJ
36 g E, 39 g F, 37 g KH

1 Das Fischfilet in Scheiben schneiden und würzen. Panieren und frittieren, wie beim Schweinefleisch.

2 Aus Worcestersauce, Sojasauce und Ketchup einen Dip rühren.

3 Fisch mit dem Dip servieren. Nach Belieben Gemüse wie beim nebenstehenden Rezept dazureichen.

Frittierte Auberginen

1 Die japanischen Auberginen längs halbieren, rautenförmig einschneiden und 15 Minuten in Wasser einweichen. Die anderen Auberginen in 3 cm dicke Scheiben schneiden und in Salzwasser legen.

2 Dashi, Mirin, Sojasauce und Zucker zu einer Sauce verrühren. Das Frittieröl auf 170 °C erhitzen.

3 Die Auberginenhälften bzw. -scheiben aus dem Wasser nehmen, trockentupfen und im heißen Öl unter mehrmaligem Wenden frittieren. Herausnehmen und auf Küchenpapier abtropfen lassen.

4 Auberginen auf Teller verteilen und mit der Sauce, Daikon und Ingwer servieren.

Für 4 Portionen

4 japanische Auberginen oder 2 chinesische bzw. 1 amerikanische

Frittieröl

200 ml Dashi

50 ml Mirin

50 ml Sojasauce

2 El Zucker

40 g frisch geriebener Daikon

1 Tl frisch geriebener Ingwer

Zubereitungszeit: ca. 20 Minuten (plus Frittierzeit)
Pro Portion ca. 373 kcal/1565 kJ
15 g E, 29 g F, 14 g KH

Frittierte gelbe Auberginen

1 Auberginen in 3 cm dicke Scheiben schneiden und in Salzwasser legen.

2 Dashi, Mirin, Sojasauce und Zucker zu einer Sauce verrühren. Das Frittieröl in einem großen Topf oder der Fritteuse auf 170 °C erhitzen.

3 Die Auberginenscheiben aus dem Wasser nehmen, trockentupfen und im heißen Öl unter mehrmaligem Wenden frittieren. Herausnehmen und auf Küchenpapier abtropfen lassen.

4 Auberginen auf Teller verteilen, die Sauce dazu reichen. Daikon und Ingwer schälen und fein reiben. Zu den Auberginen servieren.

Für 4 Portionen

4 gelbe Auberginen

Frittieröl

200 ml Dashi

50 ml Mirin

50 ml Sojasauce

2 El Zucker

40 g frisch geriebener Daikon

1 Tl frisch geriebener Ingwer

Zubereitungszeit: ca. 20 Minuten (plus Frittierzeit)
Pro Portion ca. 372 kcal/1565 kJ
14 g E, 29 g F, 14 g KH

Frittierte Scholle mit Zitronensauce

Für 4 Portionen

7 El Zitronensaft

7 El dunkle Sojasauce

5 El Reisessig, 5 Tl Mirin (ohne Alkohol)

1 El Tamari, 20 g Bonitoflocken, 2 1/2 cm Konbu

4 Schollenfilets mit Haut

Salz, Pfeffer, Frittieröl

Mehl, 10 g Reisnudeln

geriebener Daikon

gehackte Frühlingszwiebeln

rote Peperoni

Zubereitungszeit: ca. 30 Minuten (plus Marinier- und Frittierzeit)
Pro Portion ca. 353 kcal/1483 kJ
15 g E, 29 g F, 19 g KH

1 Zitronensaft, Sojasauce, Essig, Mirin, Tamari, Bonitoflocken und Konbu miteinander verrühren und 24 Stunden ziehen lassen. Anschließend durch ein Sieb abseihen.

2 Von den Schollenfilets die untere Hautseite mit Schwanz vorsichtig entfernen, ohne sie zu beschädigen. Die Fischfilets mit Salz und Pfeffer würzen und in mundgerechte Stücke schneiden. Das Öl in einem Topf auf 175 °C erhitzen.

3 Fischstücke in Mehl wenden und im heißen Öl goldbraun frittieren. Herausnehmen und auf Küchenpapier abtropfen lassen. Inzwischen die Haut-Schwanzseite ebenfalls frittieren.

4 Die Nudeln in 5 cm lange Stücke schneiden und kurz ins heiße Öl halten. Wenn sie weiß werden, sofort herausnehmen. Fischstücke und Nudeln dekorativ auf den frittierten Hautseiten anrichten. Mit Peperoni, Daikon und Frühlingszwiebeln garnieren. Dazu die Zitronensauce und Pak-Soi-Päckchen reichen.

Pak-Soi-Päckchen

Für 4 Portionen

500 g Pak Soi

1 Lauchstange

750 ml Dashi

Zubereitungszeit: ca. 15 Minuten (plus Blanchierzeit)
Pro Portion ca. 97 kcal/407 kJ
10 g E, 2 g F, 9 g KH

1 Den Pak Soi putzen, waschen, die harten Strünke entfernen und die Blätter ablösen. Den Lauch putzen, gründlich waschen und das Grün in sehr dünne Streifen schneiden.

2 Die Pak-Soi-Blätter zu kleinen Päckchen zusammenlegen und mit je einem Lauchstreifen zusammenbinden.

3 Dashi in einem Topf erhitzen und die Pak-Soi-Päckchen darin etwa 5 Minuten blanchieren. In der Brühe servieren.

Frittierte Forelle mit Gemüse

Für 4 Portionen

2 getrocknete Wolkenohrpilze, Frittieröl

60 g Bambussprossen,
1 kleine Möhre,
60 g Zuckerschoten

2 frische Shiitakes,
4 Forellenfilets mit Haut,
20 g Mehl, 300 ml Dashi

3 1/2 El Sake, 2 El helle Sojasauce, 2 El Mirin

3 El Maisstärke, 2 El frischer Ingwersaft, 2 El frisch geriebener Ingwer

Zubereitungszeit: ca. 30 Minuten (plus Einweich-, Koch und Frittierzeit)
Pro Portion ca. 463 kcal/1943 kJ
31 g E, 30 g F, 17 g KH

1 Die Wolkenohrpilze 60 Minuten in Wasser einweichen. Das Öl auf 175 °C erhitzen. Bambussprossen, geschälte Möhre, abgetropfte Pilze und Zuckerschoten in 5 cm lange Streifen schneiden. Die Shiitakes putzen, von den Stielen befreien und in dünne Streifen schneiden.

2 Jede Gemüsesorte separat in kochendem Salzwasser kurz blanchieren. Die Wolkenohrpilze in ungesalzenes Wasser geben. Gemüse abschrecken und abtropfen lassen.

3 Die Fischfilets in 6 cm breite Stücke schneiden. In Mehl wenden und im heißen Öl goldbraun frittieren.

4 Restliche Zutaten außer Ingwer, Ingwersaft und Maisstärke in eine Pfanne geben, mit dem Gemüse vermischen und erhitzen. Maisstärke in 3 El Wasser anrühren und die Sauce damit binden. Mit dem Ingwersaft abschmecken.

5 Fisch auf Schalen verteilen und die Gemüsesauce darüber anrichten. Mit geriebenem Ingwer bestreut servieren.

Frittierter Seebarsch

1 Das Öl auf 180 °C erhitzen. Die Fischfilets schräg in 1 cm dicke Stücke schneiden und mit Mehl bestäuben. Im heißen Öl goldbraun frittieren. Herausnehmen und auf Küchenpapier abtropfen lassen.

2 Spargel schälen, Enden abschneiden und die Stangen im Öl frittieren. Möhren schälen, halbieren und in feine Streifen schneiden.

3 Die übrigen Zutaten außer Möhren verrühren und in einem Topf erhitzen. Sofort vom Herd nehmen und durch ein Sieb passieren.

4 Fisch und Spargel auf Tellern anrichten. Mit Möhren garnieren. Die Sauce in extra Schälchen dazustellen. Dazu Reis reichen.

Für 4 Portionen

Frittieröl, 450 g Seebarsch

50 g Mehl, 12 weiße Spargelstangen

2 Möhren, 480 ml Dashi

120 ml Sojasauce

120 ml Mirin

40 g Bonitoflocken

Zubereitungszeit: ca. 30 Minuten (plus Frittier- und Kochzeit)
Pro Portion ca. 298 kcal/1252 kJ
34 g E, 9 g F, 19 g KH

Frittierter Blumenkohl

Für 4 Portionen

1 l Frittieröl

1 Blumenkohl (ca. 800 g)

Maisstärke, 240 ml Dashi

je 4 1/2 El dunkle Sojasauce und Mirin

40 g Bonitoflocken

1 El frisch geriebener Ingwer und 2 El gehackte Frühlingszwiebeln

Zubereitungszeit: ca. 20 Minuten (plus Frittier- und Kochzeit)
Pro Portion ca. 370 kcal/1554 kJ
10 g E, 33 g F, 9 g KH

1 Das Öl auf 180 °C erhitzen. Blumenkohl in Röschen teilen und wie die Zucchini frittieren.

2 Die Sauce wie beschrieben zubereiten und über den frittierten Blumenkohl geben.

Frittierte Möhren

Für 4 Portionen

1 l Frittieröl

800 g Möhren

Maisstärke

240 ml Dashi

4 1/2 El dunkle Sojasauce

4 1/2 El Mirin

40 g Bonitoflocken

1 El frisch geriebener Ingwer

2 El gehackte Frühlingszwiebeln

Zubereitungszeit: ca. 20 Minuten (plus Frittier- und Kochzeit)
Pro Portion ca. 363 kcal/1522 kJ
7 g E, 33 g F, 10 g KH

1 Das Öl auf 180 °C erhitzen. Möhren schälen und in dickere Scheiben schneiden. Im heißen Fett wie beschrieben frittieren.

2 Die Sauce wie angegeben zubereiten. Möhren auf Schalen verteilen und die Sauce darüber geben.

Frittierte Auberginen

Für 4 Portionen

1 l Frittieröl

8 kleine weiße Auberginen

Maisstärke

240 ml Dashi

4 1/2 El dunkle Sojasauce

4 1/2 El Mirin

40 g Bonitoflocken

1 El frisch geriebener Ingwer

2 El gehackte Frühlingszwiebeln

Zubereitungszeit: ca. 20 Minuten (plus Frittier- und Kochzeit)
Pro Portion ca. 368 kcal/1544 kJ
8 g E, 33 g F, 11 g KH

1 Das Öl auf 180 °C erhitzen. Auberginen putzen und in etwa 1 cm dicke Scheiben schneiden. Wie beschrieben frittieren.

2 Die Sauce wie beschrieben zubereiten und zu den frittierten Auberginen reichen.

Frittierte Zucchini

1 Das Öl in einem Topf auf 170 °C erhitzen. Die Zucchini putzen und waschen. Trockentupfen und in 1/2 cm dicke Scheiben schneiden. In Maisstärke wenden und im heißen Öl etwa 2 Minuten knusprig goldbraun frittieren.

2 Dashi, Sojasauce und Mirin in einem Topf erhitzen und die Bonitoflocken hinzufügen. Erhitzen, dann vom Herd nehmen und die Sauce durch ein Sieb passieren.

3 Die Zucchinischeiben in Schalen anrichten, mit der Sauce beträufeln und mit Ingwer und Frühlingszwiebeln garnieren.

Für 4 Portionen

1 l Frittieröl

4 Zucchini (á 220 g)

Maisstärke, 240 ml Dashi

je 4 1/2 El dunkle Sojasauce und Mirin

40 g Bonitoflocken

1 El frisch geriebener Ingwer und 2 El gehackte Frühlingszwiebeln

Zubereitungszeit: ca. 20 Minuten (plus Frittier- und Kochzeit)
Pro Portion ca. 368 kcal/1544 kJ
8 g E, 33 g F, 9 g KH

Für 4–6 Portionen

12 grüne Bohnen

50 ml Mirin

50 ml Sojasauce

40 g Maisstärke

Frittieröl

750 g Hühnchenbrust

Zubereitungszeit: ca. 40 Minuten (plus Koch- und Frittierzeit)
Pro Portion ca. 313 kcal/1315 kJ
31 g E, 18 g F, 7 g KH

Frittiertes Hühnchen Tatsuta age

1 Bohnen putzen, waschen und in kochendem Wasser etwa 5 Minuten blanchieren. Abgießen, abschrecken und abtropfen lassen. Mirin mit Sojasauce verrühren. Maisstärke auf einen Teller geben.

2 Das Frittieröl auf 180 °C erhitzen. Das Fleisch in $^1/_2$ cm dicke Scheiben und diese in 8 cm lange Streifen schneiden. Fleisch zuerst in der Sauce, dann in der Maisstärke wenden und portionsweise im heißen Fett nur kurz frittieren. Auf Küchenpapier abtropfen lassen.

3 Die Bohnen auf einem Schaumlöffel kurz ins Fett halten und ausbacken. Abtropfen lassen. Fleischstücke und Bohnen auf Teller verteilen. Dazu eine Sauce nach Wahl reichen.

Für 4–6 Portionen

12 grüne Bohnen

50 ml Mirin

50 ml Sojasauce

40 g Maisstärke

Frittieröl

750 g Makrelenfleisch

Zubereitungszeit: ca. 40 Minuten (plus Koch- und Frittierzeit)
Pro Portion ca. 415 kcal/1743 kJ
25 g E, 32 g F, 7 g KH

Frittierte Makrele

1 Bohnen blanchieren. Abgießen, abschrecken und abtropfen lassen. Mirin mit Sojasauce verrühren. Maisstärke auf einen Teller geben.

2 Das Fischfleisch wie beschrieben frittieren.

3 Die Bohnen auf einem Schaumlöffel kurz ins Fett halten und ausbacken. Abtropfen lassen. Fischstücke und Bohnen auf Teller verteilen. Dazu eine Sauce nach Wahl reichen.

Rezeptverzeichnis